O FUTURO DO SECRETARIADO

Copyright© 2019 by Literare Books International.
Todos os direitos desta edição são reservados à Literare Books International.

Presidente:
Mauricio Sita

Capa:
Nathália Parente

Diagramação:
Paulo Gallian

Revisão:
Camila Oliveira

Diretora de Projetos:
Gleide Santos

Diretora de Operações:
Alessandra Ksenhuck

Diretora Executiva:
Julyana Rosa

Relacionamento com o cliente:
Claudia Pires

Impressão:
Gráfica ANS

Dados Internacionais de Catalogação na Publicação (CIP)
(eDOC BRASIL, Belo Horizonte/MG)

F996   O futuro do secretariado: educação e profissionalismo / Coordenação
        editorial Bete D'Elia, Walkiria Almeida. – São Paulo (SP): Literare
        Books International, 2019.
        16 x 23 cm

        ISBN 978-85-9455-174-0

        1. Assistentes administrativos. 2. Prática de escritório.
        3.Secretárias. I. D'Elia, Bete. II. Almeida, Walkiria.
                                                        CDD 651.3741

Elaborado por Maurício Amormino Júnior – CRB6/2422

Literare Books International Ltda
Rua Antônio Augusto Covello, 472 – Vila Mariana – São Paulo, SP
CEP 01550-060
Fone/fax: (0**11) 2659-0968
site: www.literarebooks.com.br
e-mail: contato@literarebooks.com.br

O FUTURO DO SECRETARIADO

Homenagem póstuma

A história do secretariado foi escrita por muitos ícones. O legado de cada um foi determinante para as importantes conquistas. Todos deixaram a sua marca diferenciada, que muito nos orgulha, servindo de inspiração para continuar a nossa luta.

Hoje, escolhemos homenagear uma pessoa que personifica este livro. Na bandeira a favor da evolução da profissão, podemos ver a sua imagem, como pano de fundo. Uma de suas falas continua ecoando como um mantra permanente: "Os profissionais de secretariado precisam estudar mais, necessitam colocar a mão na massa, para conquistar autonomia com muito trabalho e qualidade".

E foi o que ela fez, como brilhante secretária executiva nos Laboratórios Fleury, como docente de qualidade, na universidade São Judas, como palestrante singular em muitos eventos de secretariado, como diretora da entidade de classe – Sinsesp. Em tudo o que realizou foi exemplo e deixou importantes lições.

Denise Zaninelli foi uma das apoiadoras do curso preparatório para a docência na área de secretariado e, em 2016, nos brindou com um lindo depoimento sobre a sua trajetória como docente.

É muito difícil falar dela, sem se emocionar, sentir saudades, porque ela nos deixou de forma precoce e trágica.

Mas, a sua luz continua aqui, muito viva. Com certeza, de onde ela está, enviou energias para que este livro se tornasse realidade, para que ninguém desistisse, para que ele fosse pioneiro na docência, com a participação dos profissionais de secretariado, que se identificam com esse caminho e querem dar a sua contribuição para maior identidade e visibilidade dos cursos de formação.

A dor de não tê-la entre nós é atenuada pela certeza de que Denise cumpriu com maestria a sua missão e continua nos motivando a buscar a nossa, com muito amor, dedicação e profissionalismo.

Neste livro, esta página é para homenageá-la. Mas, você está em toda a obra, como símbolo do secretariado.

Nossa gratidão, admiração e amizade eterna.

Prefácio

**O futuro do secretariado – Educação e profissionalismo
Coordenação editorial: Bete D'Elia e Walkiria Almeida**

"Só os raros conseguem modificar as páginas do livro do destino."
Paulo Bomfim

Esta obra traz uma contribuição muito importante para todos aqueles que almejam um novo plano de carreira, querem se preparar para a sala de aula e traz, também, dados históricos, tendências, perspectivas, horizontes para um futuro que pode ser agora.

Reunir uma gama de autores que alinhem um conteúdo futurista e que, ao mesmo tempo, sirva de base para consultas de dados legais é um desafio que cabe a notáveis.

A história de vida e de alma, de Bete D'Elia e Walkiria Almeida com a profissão do secretariado, e em especial com a educação, é missionária em suas carreiras como secretárias executivas, diretoras de entidades de classe, consultoras, professoras e palestrantes.

Conscientes da importância do secretariado executivo, empoderam seus aprendizes com seus próprios perfis embasados no entusiasmo, engajamento, empreendedorismo, liderança, encantamento, altruísmo, prevalecendo suas generosidades em compartilhar conhecimento e experiência.

Ensinam a ensinar práticas conquistadas pela vivência e sapiência. Pois sabem que assim criam possibilidades, abrindo novos caminhos.

Que este livro desperte o seu lado sensorial, mudando o comportamento em sala de aula, sincronizando informações e respondendo situações para que coordene suas atividades espelhadas em célebres educadoras.

Influentes formadoras perpetuam no livro seus saberes para experiências singulares e atitudes plurais no desenvolvimento de novos professores.

Às mestras com carinho, somos seus alunos eternos.

Isabel Cristina Baptista
Gestora do COINS (Congresso Internacional de Secretariado), Presidente do SINSESP e DEVELOP.

Sumário

Introdução 8

Da vivência como profissional de secretariado à docência 9

Ensino, aprendizagem e as mudanças geradas ao docente e ao discente do século XXI 17

Histórico e perfil dos alunos do curso de secretariado executivo 25

Geração X, Y e Z.. 33

Inteligência emocional focada em sala de aula 39

Educação contemporânea: os desafios da didática e metodologia 47

Ruptura do secretariado convencional com a transformação digital 55

Leis de diretrizes e bases: secretariado e regulamentação da profissão........ 61

As competências do profissional de secretariado na educação 69

DNA do profissional de secretariado.. 77

Educação no Brasil: algumas considerações..85

Processo de avaliação e técnicas de correção 93

O professor como agente de comunicação na sala de aula 99

A plataforma *lattes*..105

A pesquisa científica no âmbito da pós-graduação *stricto sensu*: algumas reflexões.....113

O profissional de secretariado atuando na docência................................121

Sala de aula / aula prática...129

Histórico da profissão de secretariado 137

A escola e o mundo do trabalho..145

Formação específica em secretariado e a docência 153

Panorama do secretariado no Brasil e no mundo 161

O docente como protagonista da nova educação....................................169

Tríade sistêmica: exercícios práticos..177

Felicidade e educação 185

Introdução

Pioneirismo gera pioneirismo e inovação.

Da mesma forma que o curso preparatório de docência para profissionais de secretariado surgiu para suprir uma lacuna do mercado e uma necessidade para formar docentes, com experiência e apaixonados pela profissão, o livro *O Futuro do secretariado – Educação e profissionalismo* inova ao possibilitar que os profissionais treinados transmitam a sua experiência como coautores.

Nossa satisfação é dupla. Primeiro, porque proporcionar essa experiência aos alunos foi desafiá-los ao crescimento e a galgarem um novo patamar. Segundo, porque todos responderam com entusiasmo ao nosso chamado de fazer uma construção coletiva, somando experiências e expertises diversas, com o objetivo de oferecer uma obra pioneira e inspiradora para a profissão.

Independentemente de a maioria ser estreante na arte de escrever, os capítulos primam pela qualidade, trazem as características e marcas de cada um, o que enriquece o conteúdo, com o valor da diversidade.

A obra é consistente e contempla, nos seus 24 capítulos, as competências que entendemos fazer parte da formação de todo docente para o curso de secretariado. Mas, ela não se restringe a esse leitor. Com certeza, atrairá o interesse de estudantes de secretariado, profissionais na ativa e, por que não, de professores de outras áreas do conhecimento.

Reconhecemos que é um grande desafio coordenar "um filho" com tantos pais. Mas, a nossa missão pelo secretariado nos deu energia e motivação para encarar esse trabalho como mais uma página dessa importante história, aliada ao nosso crescimento profissional.

Temos certeza de que será motivador para os futuros alunos conhecerem, por meio deste livro, a trajetória de muitos profissionais de secretariado vitoriosos, muitos deles também docentes, que podem atuar como referência e fonte de inspiração.

Foram meses de trabalho árduo, mas o sentimento de missão cumprida gratifica todo o nosso empenho e dedicação na coordenação deste livro.

Que ele cumpra o seu objetivo, enriquecendo a profissão, os docentes e os cursos de secretariado no Brasil.

Bete D'Elia e **Walkiria Almeida**
Coordenadoras

1

Da vivência como profissional de secretariado à docência

Verificamos que o profissional de secretariado cresceu muito nos últimos dez anos. Você irá presenciar, neste capítulo, que a profissão de secretariado é como um leque de oportunidades, na qual pode escolher em quais departamentos poderá atuar e correspondem ao seu perfil. Partindo para a docência, significa que tem algo a mais para oferecer e compartilhar tudo o que foi aprendido na carreira e na vida com as experiências vivenciais

Keli Pereira dos Anjos & Monica Lira

Keli Pereira dos Anjos

Bacharel em secretariado executivo bilíngue – Sumaré e pós-graduada em docência do ensino superior – UNIP. Atua como secretária há 20 anos, assessorando presidentes e diretoria. Colunista da revista digital *Executiva News* e do *blog Portal da Secretária*.

Contatos
kelipereira1982@yahoo.com.br
LinkedIn: Keli Pereira dos Anjos
Instagram: @kelipereira1982
SRTE – 0051359/SP
MTB – 0086930/SP
(11) 96703-8424

Monica Lira

Bacharel em secretariado executivo bilíngue pelas Faculdades Integradas Hebraico Renascença e pós-graduada em assessoria executiva pela Universidade Ítalo Brasileira. Atua como assessora executiva há 30 anos, assessorando diretores e vice-presidentes. Na empresa atual, há 20 anos. Participação em Congressos/Fóruns de Secretariado Executivo desde 2013.

Contatos
monicalira70@gmail.com
SRTE – 9.559
LinkedIn: Monica Lira
Instagram: @monica.lira.100
(11) 98455-0310

"Tenha prazer e entusiasmo em tudo que fizer, pois o talento é subproduto da paixão."
Cleiton Robson

Ser secretária é uma missão, é um dom, é quase que um chamado, você tem que amar essa profissão para exercê-la com maestria, a arte de servir e servir com excelência é algo que já nasce nas pessoas que escolhem essa profissão.

O profissional de secretariado é, há muito tempo, motivo bastante para se empregar milhares e milhares de pessoas ao redor do mundo, tendo se concentrado mais fortemente na figura feminina, porém já podemos presenciar a figura masculina nessa profissão, tal exercício que perpassa por múltiplas tarefas e responsabilidades, intensamente colaborando com a progressão de atividades comerciais e não comerciais, compondo comércio, órgãos governamentais e tantos outros tipos de segmentos, onde a nossa profissão se faz necessária.

A partir dos anos 90, a profissão de secretariado passou a vivenciar seus melhores momentos dentro das organizações. Ela começou a ser vista como peça-chave, se mostrando uma colaboradora de conhecimentos significativos e sendo o elo entre gestor, colaborador, cliente interno e externo. Com essa nova visão dentro das organizações, as empresas passaram a buscar no mercado de trabalho um profissional com:

- Bagagem intelectual;
- Assessoramento com excelência à infraestrutura na qual participa;
- Espírito prático;
- Pensamento rápido;
- Visão antecipada;
- Administração das informações recebidas para seu gestor/organização;
- Domínio exemplar da língua portuguesa;
- Conhecimentos básicos de projetos;
- Domínio de línguas (inglês e espanhol);
- Espírito de liderança.
-

Diante disso, o profissional de secretariado ficou mais próximo dos centros decisórios e até influenciando algumas situações corporativas.

Tabela 1

Como era	Como fica
Digitação.	Coordenação sistema de informação: uso de rotinas automatizadas. (editores de texto, agendas, tel. e banco de dados).
Envio e recebimento de correspondências.	Coordenação do fluxo de papéis no departamento e triagem e decisões sobre assuntos de rotina.
Provisão, para o departamento de material necessário à realização da rotina administrativa.	Coordenação de compras, cotação de preços e administração de custos do departamento.
Organização de reuniões.	O profissional de secretariado programa os equipamentos, organiza a infraestrutura e participa de muitas delas.
Atendimento ao telefone.	Atendimento global ao cliente, secretária *ombudsman*, exigindo mais conhecimento da empresa e clientes.
Manutenção de arquivo.	Organização do sistema de dados e informação em arquivos manuais e eletrônicos.

Fonte: Neiva, D'Elia (2014).

Hoje em dia, capacitar-se tem sido um dos pontos de valorização dessa profissão. É de extrema importância dominar outro idioma como, por exemplo: o inglês, e não somente falar, precisa escrever e entender de fato todo o contexto entre uma ligação internacional, uma reunião ou uma visita técnica. É necessário saber atuar nessas situações, o idioma inglês é muito solicitado nas grandes organizações, faz com que o profissional de secretariado seja de fato requisitado e percorra caminhos de verdadeira progressão nesse campo de atuação.

Evidencia-se, como apresenta Garcia (1999), que a atividade se viu modificada ao longo do tempo. Da escrita manual, relativa à anotação de recados e tarefas diversas, ao emprego da máquina de escrever, utilização de aparelhos como o telex e fax, caminhando, naturalmente, para o telefone fixo, celular, e computadores de última geração, e com o domínio de *softwares* pertinentes à tecnologia da informação (é o caso do *Excel, Word, PowerPoint* etc.). Com isso, sinaliza-se a questão, novamente, da formação alinhada à evolução das exigências desse profissional. Com a rapidez tecnológica, o profissional de secretariado foi buscar conhecimentos para ter mais domínio na elaboração de relatórios e de uma comunicação mais assertiva. Graças a essa evolução, foi necessária uma remodelagem no perfil do profissional para se adequar às novas demandas.

A experiência desse profissional de secretariado executivo no contexto das diversas organizações foi-se dando de tal forma, de tal significado e multifuncionalidade de saberes e práticas, que acabou ganhando cursos profissionalizantes, técnicos e alcançando, finalmente, o curso superior.

O profissional de secretariado percorre um caminho muito natural em que o discurso científico ganha voz a partir da vivência e da experiência no mercado. Agora pelas palavras de Rinaldi (2017), o profissional de secretariado executivo passou a conhecer nos bancos das universidades e nos cursos profissionalizantes uma prática a demanda de estudos, sem contar a necessidade de aperfeiçoamento constante, visto que as vagas foram, ao longo do tempo, se modernizando e cada vez mais exigindo do profissional de secretariado excelência em tudo o que faz.

A reciclagem passou a ser uma constante necessidade na vida secretarial, pois é ponto vital para o seu desenvolvimento, assim como o autoconhecimento para fazer escolhas mais conscientes e seguras, conhecer suas forças e fraquezas para melhor convivência com seus gestores e colaboradores. O profissional de secretariado evoluiu, desenvolvendo várias funções em seu meio de trabalho e cabe a ele classificar e dar soluções aos mais variados assuntos. Em seu rol de especialidades também estão as habilidades gerenciais, ou seja, não se restringem apenas à qualidade do seu trabalho, mas também a gerenciar, planejar, organizar e controlar atividades das áreas administrativas da empresa, definir e gerenciar estratégias e acompanhar resultados, visando o melhor desempenho das atividades.

Tabela 2: As mudanças no perfil profissional de secretariado

Ontem	Hoje	Futuro
Formação dispersiva, autodidatismo.	Cursos específicos de formação.	Amadurecimento profissional.
Falta de qualquer requisito para o aprimoramento.	Cursos de reciclagem e de conhecimento peculiares.	Constante aprimoramento e desenvolvimento contínuo.
Ausência de política para recrutamento e seleção.	Exigência de qualificação, definição de atribuições e plano de carreira.	Visão holística e trabalho em equipe, consciência profissional.
Organizações burocráticas com tarefas isoladas.	Organizações participativas, tarefas definidas, trabalho com qualidade, criatividade e participação.	Organizações empreendedoras, trabalho em equipe, visão global, metodologia flexível. Divisão de responsabilidade.
Tarefas traçadas pela chefia.	Tarefas definidas pelo estilo gerencial.	Tarefas globais com autonomia para execução.
Secretária(o) como função.	Secretária(o) como profissão.	Reconhecimento profissional e comprometida com resultados.
Objetivo de trabalho determinado pelo poder de chefia.	Objetivo de trabalho definido pela necessidade do mercado.	Objetivo de trabalho definido pela equipe empreendedora.
Falta de recursos.	Domínio em informática e outros conhecimentos.	Desejo constante de aprimorar-se, de novos conhecimentos e visão de negócio.
Chefia	**Executivo**	**Parceria**

Fonte: Carvalho (2004).

A teoria afinou-se, ratifica-se com a prática, demandando a possibilidade de se aprender e ensinar muito sobre a temática do secretariado, colecionando experiências e rotinas diárias, mostrando exatamente como é o dia a dia de um profissional de secretariado.

Segundo Conceição (2016) a história da profissão de secretariado não teve seu início muito bem definido, contudo, vários estudiosos dizem terem sido os antigos escribas como seus precursores em potencial, pois estes são os personagens mais pretéritos com o perfil a se aproximar das funções desse tipo de trabalho tão marcado pela assessoria, mas tão central e vital para que as organizações possam administrar seus caminhos, principalmente partindo de gerências, diretorias e presidências.

A partir da revolução industrial, em definitivo, a figura do profissional de secretariado passa a pertencer ao mundo dos negócios, com vivências marcadas pelas anotações, controle, registros, anotações e termos tão sinônimos quanto possam ser específicos a partir de cada exigência que a sociedade ou o profissional que a pede se dá. A vivência foi sempre pautada pela discrição, elegância ao se vestir, clareza, fidelidade e sigilo ao que é reportado, assumindo responsabilidades importantes a envolver o agendamento e preparação de atendimentos aos eventos corporativos de vários tipos.

Hoje, o profissional de secretariado tem um ponto crucial que é o tempo, que parece cada vez mais curto diante de suas funções profissionais e pessoais, e para isso requer um planejamento para suas ações cotidianas, principalmente para administrar as demandas do executivo, por meio de estabelecimento de prioridades, autodisciplina, pontualidade na entrega, senso de direção e conhecimento dos colaboradores de sua área são requisitos básicos para uma boa administração do tempo.

O profissional de secretariado acabou somando competências e experiências ao longo do tempo, em parte, com atividades exercidas em muitas companhias, conquanto tenha caráter de assessoria, como se dá com departamentos comerciais e industriais, e em face de advogados, médicos, arquitetos, supervisores e diretores de muitas áreas, por vezes secretariando departamentos e empresas de diversos segmentos.

O atendimento diário de solicitações internas e externas se mostra muito dinâmico, implicando atualmente na tomada de decisões e participações ativas em reuniões de negócios e *conference calls*. Profissão que requer muita atenção e qualidade na comunicação exige conhecimento sobre o bom uso do idioma "português", muitas vezes não usado corretamente, por ser nossa língua pátria e acreditarmos que já sabemos usá-la corretamente. Porém, não é o que acontece de fato e que é por meio do uso correto da gramática da língua portuguesa que abriremos as portas para aprender novos idiomas, como o espanhol, o inglês e outros que, porventura, se mostrarem necessários, realçando Teodoro (2016) que, quanto maior for o domínio das competências do secretariado executivo, somadas às habilidades e o domínio de um segundo ou terceiro idioma, maior será a remuneração percebida. E, ligando-se ao domínio organizacional, tornou-se, como já mencionado, ciência, abrindo espaço para o reconhecimento e a evolução intelectual atrelada à atividade, ganhando, assim, corpo próprio em sede de nível superior, com docentes a se prepararem para o ensino superior do secretariado executivo. (TEODORO, 2016).

Dentre as formas que o secretariado executivo tem se exposto como de fundamental importância à formação superior, podemos evidenciar que de alguns anos contamos com a pós-graduação em assessoria executiva tanto presencial quanto *online*, sendo algo muito significativo na formação desse profissional. Mesmo que você se sinta preparado para novas experiências e tenha em mente um plano B, na vida precisamos fazer um planejamento pessoal, já com o domínio do emocional para buscar novas funções, não seja formado somente para uma profissão, mas para várias.

Atualmente, muitos profissionais enxergam a prática pedagógica como continuidade do seu conhecimento. Se o profissional de secretariado tem habilidades e conhecimentos técnicos, pode utilizá-los para a docência do ensino superior e médio. Nada melhor do que compartilhar conhecimentos teóricos e práticos aos alunos do curso de secretariado. Os profissionais de secretariado estão se tornando docentes para que o aprendizado se torne o mais real possível, com a vivência de alguém da área, podendo exercer atividades e ensinar na prática o que fazem no dia a dia.

O docente em secretariado executivo deverá ter uma preparação intelectual para garantir o seu espaço, pois com o seu conhecimento, habilidade e vivência, podemos contribuir significantemente para o ensino das disciplinas correspondentes a sua formação. A transição da função de secretário(a) para a docência deve começar com muito estudo. Inicialmente, um curso de pós-graduação, MBA e mestrado. O caminho do secretariado propriamente até a docência do ensino superior em secretariado executivo pode ser longo e árduo, mas com muitas transformações e excelentes resultados. Uma competência do profissional de secretariado é o relacionamento interpessoal, implica em relação social, ou seja, um conjunto de normas comportamentais, capaz de manifestar dentro da sala de aula o que é uma habilidade dominada pelo profissional de secretariado.

> [..] o secretariado executivo surge como uma mola propulsora para o êxito organizacional tendo em vista o seu conhecimento multidisciplinar de atuar em diversos níveis, transferindo assim seus conhecimentos individuais e profissionais à organização no seu ambiente interno e externo, desenvolvendo com sintonia, conhecimentos, habilidades e atitudes, de tal forma que se consolide o ciclo de competências no âmbito da gestão de pessoas. (SILVA, 2013, p. 151).

A citação reforça a importância do relacionamento interpessoal na gestão de pessoas pelo profissional de secretariado. Teodoro (2016) arremata de certo modo a questão ao reportar casos em que o secretariado acabou por incorporar-se de tal modo à vida da profissional, que os longos dias de estudo se intercalam com outros tantos dias de dedicação à supervisão de grupos de secretárias(os), culminando com a dedicação ao ensino superior em uma constante permuta de conhecimentos e partilhar de saberes, cada vez mais consistente. Enriquecedora essa possibilidade de vivenciar as duas faces do secretariado, de um lado como profissional, atuando em organizações e, de outro, lecionando e apresentando todo o conteúdo exercido no dia a dia para a formação de novos profissionais.

> (...) a capacidade de um professor para transformar o conhecimento do conteúdo que ele possui em formas pedagogicamente poderosas e adaptadas às variações dos estudantes, levando em consideração as experiências e bagagens dos mesmos (SHULMAN, 1987 apud FERNANDEZ, 2011).

A citação acima se refere à importância do conhecimento diário do profissional de secretariado, transformando isso em conteúdo de valorização para a docência. É nítido que fazer o que se ama reflete no resultado final. Cada vez mais, é necessário desenvolver pessoas, mostrar que cada uma tem talentos diferentes e ensiná-las é um dom, assim como poder compartilhar e multiplicar tudo o que se aprendeu.

> "Educação não transforma o mundo. Educação muda as pessoas. Pessoas mudam o mundo."
> Paulo Freire

Referências
CARVALHO, Antônio Pires de (org). *Talentos brasileiros do secretariado executivo.* São Paulo, 2004.
CONCEIÇÃO, Antonia Maria. *Secretariado e nível superior.* São Paulo: Edusp, 2016.
FERNANDEZ, C. (2011). *PCK – Conhecimento pedagógico do conteúdo: perspectivas e possibilidades para a formação de professores.* VIII Encontro Nacional de Pesquisa em Educação em Ciências - ENPEC, Campinas, SP Atas, pp. 1-12.
GARCIA, V. E. *Muito prazer, sou secretária do senhor...: um estudo sobre a profissional secretária a partir da análise do discurso.* São Caetano do Sul: Diversas, 1999.
GIORNI, Solange (2017). *Secretariado, uma profissão.* Belo Horizonte: Editora Quantum.
NEIVA, E. Garcia, D'Elia, M.E.S. (2009). *As novas competências do profissional de secretariado executivo.* 2. ed. São Paulo: IOB.
Revista do secretariado, Passo Fundo, p 36-51, n.8, 2012.
Revista. comp. docência - ISSN 2447-8903, São Paulo, Vol. 1 N.2, p.43-55, jul./dez. 2016. *A importância da formação em secretariado executivo para a docência no ensino superior em disciplinas correlatas.* Souza, Kátia Cristina; Galvão, Mariana S. Petean.
RIBEIRO, Maria Antonia. *Secretariado.* São Luiz: Socingra, 2013.
RINALDI, Maria Ester. *Trabalhando o secretariado em nível de docência.* Campo Grande: Editora Copa, 2017.
SILVA, A.C. (2013). *Gestão de pessoas: dimensões profissionais.* D'Elia, B.; Amorim, M.; Sita, M. *Excelência no secretariado: a importância da profissão nos processos decisórios.* São Paulo: Literare Books International.
SHULMAN, L. S (1986) *Those who understand: knowledge growth in teaching educational researcher*, v 15, n.4, p.4-14.
TEODORO, Carlos Augusto. *Profissionalização do magistério*: conhecimentos, saberes e competências à docência. Campinas: Bookseller, 2016.
XII Congresso Nacional de Excelência em Gestão & III Inovarse, 2016. *As habilidades empreendedoras do secretariado executivo como fator de crescimento profissional.* ISSN 1984 - 9354; Lima, Francisco Valdivino Lima e Oliveira, Lidiane Nunes Moraes de Oliveira.

2

Ensino, aprendizagem e as mudanças geradas ao docente e ao discente do século XXI

A alteração comportamental da sociedade trouxe, para professores e alunos, uma nova visão, didática, entendimento e refez o principal componente existente entre os dois indivíduos, mais genérico: o aprendizado sistêmico de múltiplas inteligências e competências, que exige que se participe de um novo ecossistema, existente na sala de aula. Como isso acontece e quais as novidades para esse novo formato e discentes?

Cora Fernanda de Faria Lima

Cora Fernanda de Faria Lima

Bacharel em direito, pós-graduada em assessoria executiva e psicologia organizacional. Formação executiva em gestão de conflitos pelo INSPER e comunicação assertiva e eficaz pela ESPM. Assistente executiva, com mais de dez anos de experiência, atuando em organizações, indústrias, agências de publicidade e mídia, com atendimento estruturado para diretoria e presidência. Desenvolvimento e aprendizado contínuo.

Contatos
cfarialima@hotmail.com
LinkedIn: Cora Fernanda de Faria Lima

Escrevo este texto durante as férias de 2018. Vejo Heitor se divertindo e fazendo amizade. Em aproximadamente três horas, desde que chegamos, na fazenda, ele conversa e interage com crianças diferentes.

A capacidade que ele carrega de relacionar-se socialmente é imensamente maior do que a minha quando eu tinha a mesma idade. Maior e naturalmente melhor, que, de certa forma, inicia, a conversa deste projeto: quais seriam as mudanças no aprendizado para alunos e professores a partir do século XXI? (reforçarei mais tarde essa menção às férias e comportamento do Heitor).

São muitas e, desde já, acentuo que as mudanças de geração, o volume de informações, as formas de convivência e a adaptabilidade ao mundo, trazem nova visão aos que pretendem lecionar e, como um paradoxo, também aprender.

Mas lecionar ou aprender? Sobre o que falaremos?

De forma disruptiva, como essas duas palavras hoje se complementam e não mais concorrem.

A) Protagonismo dos alunos

O aprendizado tem mudado sua curva conforme a modernidade e, ainda, porque não mencionar, a aparição de uma nova era que se mostra, em sua gênese, mais proveitosa do que outras, qual seja, um mundo onde havia livros e professores dispostos, hoje, ao revés, temos banco de dados, *sites* educacionais, *e-books* e, sem dúvida alguma, uma exposição a conteúdos, sejam eles bons ou ruins. Estamos expostos e procuramos exposição.

De qualquer forma, quando falamos em aprendizado, não temos mais necessariamente um professor com autoridade de pontuar o que faremos ou não. Hoje, a figura do docente é como orientador e facilitador de conteúdos. Aquele que direciona de forma didática, sem perder o foco da modernidade.

O aluno: traz suas experiências, novas tecnologias, mudanças de comportamento, postura de liderança e quer, sim, fazer valer sua palavra e cabeça pensante. Ele, nesta nova era de conhecimento, torna-se o principal personagem dentro da sala de aula, oferecendo outras inteligências ao todo, sendo ponderador de conteúdo.

B) Alunos questionadores, professores "aprendedores"

O efeito desse protagonismo não para por aí.

As consequências desse novo modelo de aprendizado, desejado e moldado por estes discentes do século XXI, tem formatado escola, pedagogos e professores. A escola não é mais a mesma: adaptou-se rapidamente ao novo cenário e este tem sido o catalisador para novos modelos de docentes em geral, seja pré-escola ou graduação, padrões atuais, sem perder a essência base.

Professores "aprendedores", o que são?

Ainda que, sendo um termo descontraído, ele faz sentido na prática. O docente tem recebido de forma aberta e utilizado a seu favor o comportamento mais comprometido dos alunos, o que o torna, certamente, um profissional exposto às experiências dos estudantes, alterando seus padrões de nivelamento do aprendizado. Como uma via de mão dupla, esses professores "antenados" ficam à disposição dessa troca para poder melhor desenhar suas grades, seus planos de ensino ou, ainda, seus próximos passos dentro daquela sala de aula. Aprendendo a aprender.

Dessa forma, sala de aula e docentes estão cada vez mais conectados e muito mais coerentes com a realidade, sejam os alunos mais participativos e atentos ao conteúdo, bem como, professores dispostos a escutar, entendendo seu discente e certos de uma construção mais afinada à conjuntura.

C) Realidade da sala de aula

Onde estão as mudanças efetivamente?

Um livro, um quadro negro e um profissional da educação. Peço, neste momento, que feche seus os olhos e imagine esta cena em sua consciência.

Se conseguir, anote suas percepções, pois, ao final, haverá uma proposta de confronto entre esta, e outra situação de estilo de aprendizado.

A realidade das pessoas passou por um estranhamento nos últimos anos, como, por exemplo, os tutoriais via plataforma na *Internet*. Outro exemplo é a multiplicação de informações de interesse coletivo, via grupos de mensagens, seja WhatsApp ou Facebook. Informação circulando, conhecimento circulando e pessoas recebendo de forma indiscriminada, o que, antes, seria acessível a um grupo ou determinadas pessoas.

Informação para todos, conhecimento nem sempre, vigiar o conteúdo é dever. Aquele é preponderantemente relevante quando falo de conhecimento, para que a idiossincrasia não seja autoridade entre as pessoas, e seu reflexo não bata à porta da sala de aula.

A realidade para sala de aula deve ser filtrada e analisada com muito carinho pelos docentes e discentes. O âmago do conhecimento é multifacetado e esse olhar crítico precisa ser latente, pois conteúdos tornar-se-ão não só mais interessantes, como também os alunos sentir-se-ão motivados a entender e buscar soluções para situações reais, que impactem de maneira direta ou indireta sua própria comunidade. O pensamento sistêmico são palavras de ordem.

Sendo assim, essa estrutura depende das informações, dos alunos, do professor interessado e despretensioso, formando um modelo novo, com objetivo de compartilhamento e, não somente, ensino em linha vertical docente – discente.

Agora, pegue sua reflexão livro + professor + quadro negro, sugerida no início deste item e desconstrua. Salas como verdadeiros celeiros de autonomia do conhecimento, com grandes chances de, em um futuro próximo, não utilizar livros físicos, quadros e professores em um tablado diferenciado, como vamos falar no próximo assunto.

D) As metodologias e o mundo moderno

Como frequentar a sala de aula atualmente?

Qual o melhor método de preencher (e efetivamente segurar) a atenção do discente?

Mudanças à vista! Esse conceito tem se flexibilizado significativamente, pois novos modelos de "gestão de aulas" (se assim puder chamar) estão entrando e permanecendo em detrimento de metodologias mais antigas. Os recursos disponíveis, a percepção dos alunos e a suscetibilidade dos professores têm trazido esse frescor.

O formato do aprender é outro.

Quando tratamos de um assunto ou conteúdo que será visto, pensamos em tipos ou métodos de ensino que serão conectores dos alunos, sendo o professor um mero treinador de competências, qual seja a identificação de competências dos alunos em modo coletivo, bem como individualmente expostos. Trazendo essas informações ao ensino, os alunos, alteram a metodologia sem uma motivação especial, mas, tão somente, pela forma de aprender a passar, atualmente, por alterações.

As metodologias inovadoras procuram readequar a prática docente em relação às demandas atuais da sociedade, assim como estabelecer uma nova forma de mediar o processo de aprendizagem para as novas gerações. Para entender genericamente sobre o que está acontecendo hoje, em sala de aula, vamos abordar alguns pequenos conceitos sobre os itens tratados anteriormente:

- **Sala de aula invertida**: trabalhando a partir de conceitos discutidos em sala, o aprofundamento do assunto é trazido à tona pelos alunos que, após angariarem conteúdos e discussões, estruturam apresentações para sua sala / professor, de modo que os espectadores serão, inversamente, professores.
- **EAD**: o ensino a distância vem sendo amplamente difundido no Brasil. Como balizador principal, levar ensino e conhecimento para aqueles que não conseguem ir até a faculdade ou escola profissionalizante. Sem limites e com muita força de vontade, você consegue concluir cursos em Harvard, por exemplo.
- **Ensino híbrido**: uma boa sacada e uma miscigenação do que era impossível para alguns pedagogos. Com um pouco menos de ambição, o ensino híbrido tentou inovar ainda que com pé fincado em sua origem. Um conjunto de atividades ministradas por vídeos, plataformas e *Internet* não exclui a presença do aluno em algumas atividades.
- *Microlearning*: conteúdos curtos trabalhados com eficácia. Para as pessoas que buscam o aprendizado com certa constância, torna-se peculiar essa modalidade, exigindo-se bons conteúdos, diversidade de temas, ambivalência de conhecimento.

Não se trata, aqui, de uma concorrência com as metodologias de base, mas todas estas apontam para um novo caminho.

E) Habilidades, alunos e este novo cenário

Agora, de volta ao começo do capítulo: eu havia comentado sobre a natural competência que Heitor (meu filho de cinco anos) tem em empreender relacionamentos interpessoais.

Qual a conexão disso com os alunos e o aprendizado?

Essa mudança no aprendizado faz notar uma reavaliação comportamental das pessoas àquele, apresentando diferenças negativas e positivas. Seja a negativa, o *bullying*, por exemplo, ou, se apontarmos uma positiva, a teoria das múltiplas inteligências que Howard Gardner. Tudo isso como marca principal frente à evolução no mundo volátil.

Perceber alunos saudáveis, com quociente emocional alinhado, e autônomos em sua condução, é extremamente eficaz para os dias atuais, pois tratar pessoas pela sua melhor habilidade e competência é mais fácil do que esculpi-las a partir do seu comportamento menos aceitável. Aceitação esta que, aqui, não faz juízo de valor entre as pessoas, mas acolhe com mais critério aquela quando as pessoas são saudáveis na convivência social.

O contrato social (rede de relacionamentos) é precipuamente necessário ao novo aluno: perceber pessoas com essa habilidade, senso de colaboração, responder aos estímulos de outras. Flexibilidade e adaptabilidade.

Conhecer e aprender são o objetivo maior, porém novas informações sobre aprendizado mudaram quanto ao conjunto de habilidades. O propósito, hoje, também trata do quanto seu comportamento é relevante aos novos padrões de aprendizado.

Convém ressaltar três pontos que se comunicam quando falamos desse aspecto:

E.1) Autoconhecimento

Esse assunto tem sido amplamente difundido. Seja de cunho psicológico ou espiritual, reconhecer-se, ou autoconhecer-se, trata do quanto você aposta em si mesmo ou, ainda, do quanto corre riscos por si mesmo.

Se falamos de alunos, com conhecimento de si, teremos pessoas mais abertas ao conhecimento amplo. Aqui, não se aplica arrogância. Devemos ter como referência pessoas que conhecem seus limites e prerrogativas, bem como seu domínio em certa seara. É um encontro de competências, sejam aquelas já desenvolvidas, como as que ainda estão em construção. Alunos com sapiência de suas coletividades geram pesquisa científica.

Sabendo, então, quem você é e suas respectivas ascensões e limitações, o espectro de aprendizado, por ele, e para ele, tem mais robustez. Cabe ao professor, em contrapartida, "surfar" essa onda junto com seu aluno.

E.2) Liderança em conhecimento

Falar em liderança requer um certo cuidado. Atualmente, pessoas e organizações têm utilizado esse assunto para ovacionar a autoridade e não, esse não é o objetivo da liderança em sua gênese.

A liderança pretende, e quer fazer, com que pessoas ou o conjunto delas, sigam para um caminho: fazendo nascer a vontade no indivíduo e no todo em que ele está inserido, para determinado fim, ou execução desse fim. Um líder pode fazer com que seu ponto de vista teça uma teia, da qual os demais também queiram participar.

Livros ou escritores de livros: você consegue pensar, em cinco segundos, em algum que tenha lhe feito mudar uma visão de vida? (profissional, pessoal, espiritual...)

Se sim, certamente, foi influenciado por aquela produção literária ou autor de renome e poderá liderar por influência.

Seguindo o nosso raciocínio para a liderança em conhecimento, os atuais alunos e docentes têm aproveitado uma era onde não se vive somente de autor A ou B. A gama de nomes é vasta! O período de tempo para que se mergulhe em um assunto, até tornar-se especialista ou, ainda, um bom apreciador do tema, seja ele qual for, é menor do que o de anos atrás. E isso é liderança em conhecimento, pessoas que perseguem seu objetivo de estudo, influenciadas pela única e superveniente ação do "saber cada vez mais". Liderar o seu conhecimento é uma atitude única.

E.3) Desenvolvimento contínuo:

Não se trata de uma busca, nem de planejamento, mas de todo conteúdo relevante que você insere em seu arquivo pessoal (aquele que altera seus pontos de vista e entendimentos).

Quando estou previamente disposto a melhorar, e claro, de certa forma, compartilhar esses conteúdos de melhoria com os demais, isso traduz o desenvolvimento contínuo. Eu recebo, percebo, admiro, adquiro e passo à frente, visando o bem comum.

Essa postura, tanto para docente, quanto para o discente, é de grande valia, visto que, como abordamos durante todo nosso capítulo, os papéis de ambos, no nosso atual momento, se complementam e utilizam do melhor juízo para melhor dimensionar e acrescer o mais importante de todos os protagonistas: o aprendizado.

E para clarear e celebrar o aprendizado, finalizo com um ensinamento que gosto muito do idealizador e dono da marca Chilli Beans, Caito Maia: os profissionais que lá trabalham, quando começam e quando estão executando seus projetos, desenvolvendo suas atividades, rotinas, estão perfeitamente alinhados com o conhecimento e a busca do saber é constante, pois, de outra forma, já poderiam morrer.

Como assim, poderiam morrer?

Em uma entrevista, Caito Maia disse que a frase é muito usada, pois quando o profissional pensa em dizer: "imagina, isso eu já sei" ou "mas tudo isso eu já sei", todos replicam, então, "já pode morrer".

Sugiro assim: a partir do momento em que cogitar saber tudo, pense: "já posso morrer!".

Mas, (re) pense: morrer nada, aprender!

3

Histórico e perfil dos alunos do curso de secretariado executivo

Tudo muda o tempo todo e o papel do profissional de secretariado está em uma ascendente evolução. É imperativo compreender como funcionam as organizações e perceber que o assessor executivo atua de forma eficaz, tornando o seu trabalho uma verdadeira arte. Neste capítulo, vamos entender a formação na área, a evolução das competências e das habilidades essenciais, para que esses profissionais se destaquem no cenário corporativo

Aline Arrabal Casaula Blanco

Aline Arrabal Casaula Blanco

Secretária executiva trilíngue, srte n° 43309/sp. Bacharel em secretariado executivo bilíngue, pós-graduada (*lato sensu*) em psicologia industrial e organizacional do trabalho, pela Universidade Presbiteriana Mackenzie, com especialização em didática do ensino superior. Formação e certificação internacional em consultoria de análise comportamental pelo Instituto Brasileiro de Coaching (IBC) e Global Coaching Community. Palestrante no projeto *Psicologia no secretariado executivo* e membro da International Association of Administrative Professionals (IAAP) Kansas City, MO – EUA. Mantém seu foco em estudos no desenvolvimento do comportamento organizacional por meio da psicologia, psicodrama e psicanálise. Atua como secretária executiva e *office manager*, desde 2006, em empresas multinacionais e nacionais, com executivos da alta direção.

Contatos
alineablanco@gmail.com
(11) 97637-9595

Recebi o convite para participar deste projeto, que tem por objetivo contribuir de forma enriquecedora ao futuro e educação do secretariado, e isso me deixou muito feliz, por poder colaborar ao desenvolvimento da área.

O assunto a ser abordado neste capítulo é o histórico e o perfil do aluno do curso de secretariado; sua personalidade, e como deve ter autoconfiança para ser um profissional capaz de empreender todo e qualquer desafio.

Sim, a palavra desafio faz parte da vida, rotina e atribuição do profissional de secretariado e da contemporaneidade do mercado de trabalho. Essa área é regida por desafios diários com o poder de estimular muito o aluno que deseja seguir a carreira.

No passado, observava-se um perfil com outros anseios, como exemplo: aprimoramento em uma profissão com base e formação sólida, rica em conhecimento de diversas áreas no setor administrativo e que pudesse contribuir ao trabalho conhecido como operacional. Esse era o antigo perfil do aluno, que estudava apenas para se aprimorar e, conforme o ingresso no mercado de trabalho fosse oportuno, teria a possibilidade de se desenvolver e crescer dentro de uma organização.

Para melhor exemplificar o histórico e sua evolução na formação aprimorada e continuada, destaca-se o primórdio da profissão, em como e quando foi criado o primeiro curso de secretariado executivo no Brasil.

A função de secretariar teve início nas civilizações antigas (egípcia, mesopotâmica, síria e judaica) pelos escribas, homens que eram de confiança e que dominavam a escrita, faziam contas e classificavam os arquivos. Eles ocuparam essa posição até o início do século XX, mas com as duas grandes guerras mundiais (a primeira de 1914 a 1918 e a segunda de 1939 a 1945), surgiu, então, a necessidade da mão de obra feminina em funções ditas como administrativas. Isso, evidentemente, ocorreu devido à escassez da mão de obra masculina, desviada para os conflitos.

> "Foi pelo trabalho que a mulher reduziu, em grande parte, a distância que a separava do homem; e só pelo trabalho poderá garantir a ela mesma uma liberdade concreta."
> Simone de Beauvoir

Assim, começaram a perceber a atuação da secretária na estrutura empresarial brasileira, a partir dos anos 50. Naquela época, elas desempenhavam funções secretariais como taquigrafia, datilografia, arquivo e atendimento telefônico para anotações de recados.

Nos anos 60, a primeira mudança no perfil da secretária foi para desempenhar funções administrativas. Ainda vista como papel de servente, teve destaque por ser um dos principais símbolos da época, o status era "ter uma secretária".

Nos anos 70 e 80, mudanças significativas aconteceram na profissão. A secretária foi vista com notoriedade no desempenho de suas funções gerenciais e participativa em prol dos resultados da empresa.

Já nos anos 90, o grande desafio para a profissional de secretariado foi o fato de mudar o estereótipo da moça elegante, bem vestida, de ótima datilografia e mostrar o seu perfil empreendedor, polivalente e provar que o seu trabalho produzia resultados concretos e mensuráveis.

A partir dos anos 2000, pode-se afirmar que o profissional de secretariado adaptou-se às alterações no mundo corporativo e ganhou destaque nas organizações, devido às responsabilidades agregadas à profissão. Com isso, veio a necessidade em buscar por uma formação especializada na área de atuação.

História da formação
Quanto ao histórico do curso, por meio de pesquisas, pode-se considerar o seguinte cronograma:

Curso técnico de secretariado
Iniciou-se em São Paulo, na Fundação Escola do Comércio Álvares Penteado, em 1943 e foi aprovado somente em 1973, sendo posteriormente reconhecido em 1979.

Graduação no Brasil
O primeiro curso de secretariado executivo foi criado na Universidade Federal da Bahia (UFBA), em Salvador, no ano de 1969 e reconhecido no ano de 1988.

No ano de 1981, a Universidade Anhembi Morumbi (na época faculdade), conseguiu montar a primeira turma em São Paulo. O curso de nível superior consolidou-se após a regulamentação da profissão, em 30 de setembro de 1985. Mas, o primeiro curso a obter o reconhecimento oficial foi o da Universidade Federal de Pernambuco (UFPE), em Recife, no ano de 1978, por meio do Decreto 82166/78.

Deve-se, ainda, citar o ensino para tecnólogo, do qual o curso de secretariado faz parte e a formação de bacharelado. Ambos possuem o reconhecimento do Ministério da Educação – MEC. Vale ressaltar que a entidade de classe dos profissionais de secretariado valoriza todos os cursos: técnico, tecnólogo e bacharel.

Após a conclusão do curso, seja tecnólogo ou bacharelado, o aluno poderá iniciar o processo na SRTE – Superintendência Regional do Trabalho e Emprego para obter o registro na formação em secretariado, o que lhe permitirá atuar em território nacional e em conformidade das Leis de Regulamentação da Profissão sob o n° 7.377, de 30 de setembro de 1985 e 9.261, de 10 de janeiro de 1996.

De modo que possa ser esclarecida a diferença do curso técnico, tecnólogo e superior deve-se levar em consideração a prática exercida em seu contexto de trabalho.

A formação superior possibilita um preparo aprofundado, focado na liderança, gestão e autonomia nos processos decisórios. A representação é maior dentro da categoria e, diante desses atributos, o aluno busca estudar todos os fenômenos e processos que possam lhe permitir alcançar a excelência na atuação, por meio das atividades desempenhadas. Quando o estudante almeja entrar no mercado de trabalho, após ter iniciado seus estudos, tem a convicção de que o profissional de secretariado tem um amplo mercado de mercado e que as oportunidades serão decorrentes da sua evolução, não somente nas competências técnicas, mas nas relações interpessoais, que norteiam a profissão.

Seguindo a norma legislativa, nenhuma empresa pode admitir na categoria secretário CLT, o profissional que não possuir a formação. O importante é que as empresas contratem de acordo com as Leis de Regulamentação da Profissão sob o n° 7.377, de 30 de setembro de 1985 e 9.261, de 10 de janeiro de 1996.

Perfil do atual aluno

No tocante ao perfil, pesquisas realizadas com alunos nas universidades, com a opção da formação, mostram que jovens estudantes, ainda indecisos com a escolha da profissão, iniciam o curso técnico em secretariado para aprender a organizar os serviços administrativos e seus processos decisórios, e isso não se aplica somente aos jovens. Muitos profissionais, que de alguma maneira estão inseridos no mercado de trabalho e executam na prática a rotina secretarial, também buscam pelo aprimoramento na formação técnica e na superior.

Atualmente, as organizações estão cada vez mais exigentes e o mercado de trabalho muito competitivo e com diversas oportunidades. Sabendo disso, o atual perfil do aluno mudou em função das informações e conhecimentos já adquiridos, antes mesmo da decisão de se tornar um profissional da área.

O aluno em seu ingresso na universidade sabe o que quer. Ele é decidido, atuante e curioso para acompanhar as tendências do mundo corporativo, aprender e se desenvolver durante a sua trajetória universitária. A formação é o pilar necessário para esse estudante se tornar um profissional completo e poder desempenhar, na prática, todo o conhecimento adquirido ao longo dos anos de estudo, tanto na área de humanas como na de exatas.

A formação em secretariado propicia aos alunos algumas possibilidades para reflexão, a descoberta de habilidades ao desempenho e à obtenção de realizações, no âmbito teórico e prático.

Durante essa descoberta, o estudante trilhará caminhos que o levarão ao discernimento. O secretariado segue uma diretriz embasada no autoconhecimento, nas relações interpessoais e no desenvolvimento.

Quando o aluno almeja entrar no mercado de trabalho, após ter iniciado seus estudos, tem a convicção de que o profissional de secretariado tem um amplo campo de atuação e que as oportunidades serão decorrentes da sua evolução, tanto nas competências técnicas como nas humanas.

O estudante possui muitas expectativas relacionadas à profissão e deve trabalhar com muita dedicação para a obtenção da qualificação exigida pelo corporativo. Deve desenvolver competências como: comunicação, liderança, gestão da informação, trabalho em equipe, entre outras.

Em geral, o aluno segue as orientações do professor de acordo com a respectiva disciplina estabelecida pela instituição de ensino, mas deve focar sempre no aprendizado contínuo, buscar alternativas para determinados assuntos da área de secretariado e ter muito orgulho dessa profissão.

Pós-graduação (*lato sensu*)

No Brasil, contamos com muitas universidades que dispõem dessa formação. O aluno do curso de pós-graduação, que pretende se especializar em assessoria executiva, certamente possui experiência profissional e busca por um aprimoramento constante, a fim de obter alto nível nos processos estratégicos e decisórios da sua empresa.

Observa-se que o impacto do seu desempenho e engajamento resultará como um grande diferencial dentro da companhia. Deve estar sempre disposto a aprender sobre as oportunidades de negócios e crescimento profissional e pessoal.

O estudante em assessoria executiva se especializa para colocar em prática: confiança e liderança, qualidade e autonomia, clareza, direcionamento e gestão de mudanças.

Assim como em toda especialização (*lato sensu*), o estudante deverá pesquisar sobre um tema importante para determinada área do conhecimento e entregar um trabalho de conclusão do curso.

Observa-se que o secretariado ainda possui poucos trabalhos comparados à administração e outras áreas relevantes.

Formação a distância (EAD)
Com os avanços e transformações tecnológicas, as universidades dispõem da formação no ensino a distância (EAD), com qualidade e regulamentada pelo MEC. O aluno tem a opção de seguir sua formação na totalidade a distância ou parte no formato presencial.

Considerações finais

Docente,
Faça sempre o seu melhor pelos alunos. Contribua para o seu aprendizado!

Caro aluno,
Aproveite todas as oportunidades e construa a sua profissão em bases sólidas!

Referências
ALONSO, Maria Ester Cambrea. *A arte de assessorar executivos.* São Paulo: Edições Pulsar, 2002.
ANASTASIOU, Léa das Graças e ALVES, Leonir Pessate. *Processo de ensinagem na universidade.* Joinville: Unville, 2003.
CHIAVENATO, Idalberto. *Introdução à teoria geral da administração.* Rio de Janeiro: Campus, 2000.
D'ELIA, Bete; AMORIM, Magali; SITA, Mauricio. *Excelência no secretariado: a importância da profissão nos processos decisórios. Como assessorar e atingir resultados corporativos e pessoais com competências e qualidade.* São Paulo: Literare Books International, 2013.
MARKER, Stefi. *Secretária: uma parceria de sucesso.* São Paulo: Editora Gente, 1999.
SINSESP. *Sindicato das secretárias do estado de São Paulo.* Disponível em: <https://sinsesp.com.br/secretariosas-brasilierosas-tem-a-melhor-formacao-do-mundo>. Acesso em: 01 de out. de 2018.

4

Geração X, Y e Z

Nos últimos 50 anos, o intervalo entre uma geração e outra está cada vez menos espaçado. Isso significa que cada vez mais pessoas de diferentes idades estão convivendo no ambiente corporativo. Vamos abordar como pensa cada grupo de idade

Ariane Prado Souza

Ariane Prado Souza

Graduada em secretariado executivo trilíngue pela FECAP, pós-graduanda em administração de empresas e Formação Avançada em Governança Corporativa e *Compliance* pela FGV. Atua há mais de 15 anos na área de secretariado como assessora executiva de presidências, CFOs e diretorias executivas em empresas nacionais e multinacionais de grande porte em funções administrativas, estratégicas e de suporte a assuntos pessoais.

Contato
ariane.prado86@bol.com.br

O termo geração X foi utilizado pela primeira vez em 1950, pelo fotógrafo Robert Capa que, em um de seus ensaios fotográficos com homens e mulheres jovens que cresceram depois da segunda guerra mundial, nomeou a "geração desconhecida como geração X e, mesmo em nosso primeiro entusiasmo, percebemos que tínhamos algo muito maior do que os nossos talentos e bolsos poderiam lidar". O projeto foi divulgado pelo *Picture Post* do Reino Unido e pelo *Holiday* dos Estados Unidos, em 1953. O escritor norte-americano John Ulrich descrevia a geração X como um grupo de pessoas jovens, sem identidade aparente, que enfrentariam um mal incerto, sem definição e um futuro hostil.

Essa geração teve ideais, passou pela fase *hippie*, esqueceu-se dos mesmos e fez carreira no mercado de trabalho. Viu surgir o computador, a *Internet*, o celular, a impressora etc. e seu mundo mudou radicalmente. Aos 30 anos, descobriu que, para conquistar uma modesta casa própria, deveria pagar até os 60. Caminho longo com preço alto, cercado pelo crescimento dos filhos, ausência dos pais, sonhos distantes. Por vezes, vemos relatos pelas redes sociais como YouTube e LinkedIn de profissionais bem-sucedidos dessa geração "chutando o balde" para pintar quadros, estudar gastronomia, fotografia, buscando o que realmente os faz feliz.

Aqueles que nasceram no fim dos anos 70 e início dos anos 90 representam a geração Y. Essa geração se desenvolveu em meio à prosperidade econômica e aos grandes avanços tecnológicos. As crianças cresceram utilizando equipamentos que seus pais não tiveram como TV a cabo, *videogame*, jogos e computadores; cresceram e internalizaram a tecnologia desde pequenas.

Obviamente, seus pais, na esperança de proporcionar um futuro melhor, deixaram que crescessem rodeados de facilidades, fazendo múltiplas tarefas e estimulados por inúmeras atividades; acostumando-os a conseguir o que querem. Por isso, não se sujeitam às tarefas subordinadas de todo início de carreira e lutam por salários ambiciosos desde cedo. É comum que os jovens dessa geração frequentemente troquem de emprego em busca de oportunidades que ofereçam mais desafios e crescimento profissional.

Na visão de alguém da geração X, como seus pais, professores e superiores, por exemplo, essa ambição é considerada como desinteresse e incerteza no futuro.

Para um profissional da geração Y, que cresceu no mundo digital, familiarizado com dispositivos móveis e comunicação instantânea, é praticamente impossível não perceber a *Internet* como uma necessidade essencial. O hábito de ser multitarefa em relação aos *smartphones*, trabalhando em mais de um projeto ao mesmo tempo em que ouve música, checa redes sociais, responde *e-mails*, acompanha notícias por meio de *sites*, conversa com seus colegas de trabalho e seus amigos *online*... ufa! Como explicar isso a seu colega de trabalho ou gestor da geração X?

Por fim, a geração *zapping* (Z), que engloba os nascidos entre o fim de 1992 e início de 2010, é conhecida como 'nativa digital', totalmente familiarizada com a *World Wide Web*, sempre conectada. Pensando bem, integrantes dessa geração nunca viram o mundo sem computador. Aprenderam a conviver com a globalização desde a infância, não lhes faltando informação, estão sempre a um passo à frente das gerações anteriores, concentrados em adaptar-se aos novos tempos.

Contudo, seu grande problema é a interação social. Estão tão conectados virtualmente que sofrem com a comunicação verbal, causando, por vezes, problemas com as demais gerações. Essa geração também é marcada pela ausência da capacidade de ser ouvinte.

A maior parte dessa geração não acredita nos estudos formais, em fazer uma só coisa o resto da vida ou em passar sua vida profissional inteira em uma só empresa. Muitos deles já se dedicam ao *home office*, formal ou informal, obtendo renda por meio de canais, *blogs*, mídias, vendas de anúncios ou qualquer outra atividade relacionada à *Internet*. Porém, é a geração mais 'fechada' de todas, isolada em seu mundo por meio de fones de ouvido. Escuta pouco e fala menos ainda. Tende ao egocentrismo, na maioria das vezes preocupando-se somente consigo. Para as demais gerações fica a impressão do "pessoal do escritório mecanizado".

Tomando como exemplo o ambiente corporativo, onde um gestor é da geração X, provavelmente seu primeiro e único emprego desde o término da faculdade, com visão e valores tão intrínsecos que se, por acaso, perder aquele trabalho ficará sem rumo na vida. Esse empregado precisa gerir seu profissional de secretariado, geração Y, que chegou formado há pouco tempo e está cheio de ideias e energia, assim como o estagiário de secretariado, geração Z, ainda na faculdade, introvertido, que só se manifesta por meio de convite formal e, por isso, é considerado desinteressado.

Inevitável o conflito nesse ambiente, correto? Em um *brainstorming*, é provável que o gestor não entenda sobre todas as tecnologias utilizadas, dispense o uso do celular para determinadas ocasiões, enquanto que as outras duas gerações considerem reuniões presenciais uma perda de tempo, em épocas de videoconferências.

Em outro cenário, imaginemos um gestor de 25 anos, recém-formado e cheio de novas ideias gerenciando um profissional de secretariado cujo tempo de casa é muito maior do que o seu novo gestor tem de idade. Como se adaptar às novas ideias e tecnologias? Esse panorama só tende a aumentar, pois as pessoas se aposentam mais tarde, os jovens ingressam mais cedo no mercado de trabalho e o mundo muda cada vez mais rápido. Não é fácil essa tarefa, mas temos algumas dicas sobre como gerir melhor os conflitos no ambiente de trabalho.

Entender os diferentes estilos: a geração X deseja saber "como" e a geração Y quer saber "o porquê". A geração X não gosta de ser gerenciada detalhadamente, não aprecia ser monitorada, mas gosta de entender e fazer parte do processo, enquanto a geração Y valoriza instruções específicas para determinadas tarefas, mas quer tomar suas próprias decisões e receber *feedbacks* ao longo do processo.

Valores são importantes: a geração X possui espírito de equipe, cooperação e comprometimento. A geração Y prefere decisões unilaterais e agir de forma isolada. Já a geração Z valoriza equipes abertas e honestas, que colaborem juntas, e gosta de ter opções para escolher em quais delas ingressar.

Compartilhando percepções: gerações Y e Z podem se sentir desvalorizadas se os X não respeitarem suas percepções e *insights*. Por sua vez, os X podem sentir falta da formalidade de Y e Z. É importante estabelecer um bom diálogo entre os profissionais, compartilhando suas opiniões; é válido também ter grupos distintos, com quadros indicando pontos de vista mais valorizados por cada um deles. Além de uma atividade de entrosamento, não julga valores como certo ou errado, apenas respeitando a diferença entre as gerações.

Valorizando o melhor de cada geração: podemos otimizar as atitudes no ambiente de trabalho, melhorando as expectativas para todas as gerações. Um X conhecedor do mercado pode se tornar um mentor de um Z, utilizando a criatividade do Y. O segredo é extrair as habilidades de cada geração da melhor maneira possível.

Pontos em comum: X e Y se sentem confortáveis com diversidade e estilos de vida alternativos, apesar de Y valorizar estabilidade e segurança, mesmo que precise trocar frequentemente de emprego e X são resistentes à mudança, mas ambos valorizam a importância de treinamentos e desenvolvimento na carreira. Tanto Y quanto Z valorizam a flexibilidade no ambiente de trabalho, balanceando vida pessoal e profissional. Percebendo a consciência sobre os ciclos das gerações, fica mais fácil utilizar os pontos em conjunto.

Aprender sempre: cada geração possui lições valiosíssimas para ensinar umas às outras. Respeitadas as habilidades de cada uma, todas têm o seu espaço.

O profissional de secretariado, sempre em busca de inovação e aprendizado, deve estar a par das principais características de cada geração, não só observando seus colegas e gestores, mas olhando para si e percebendo a melhor forma de lidar e gerir os conflitos que surgirem em seu ambiente.

Praticar o exercício da tolerância e entender a evolução humana por meio de diferentes comportamentos é a chave de sucesso para administrar essa gama de perfis.

Referências
PATI, Camila. *4 gerações trabalhando juntas. Um final feliz é possível?* Exame. Disponível em: <https://exame.abril.com.br/carreira/4-geracoes-trabalhando-juntas-um-final-feliz-e-possivel/>. Acesso em: 20 de dez. de 2018.
ULRICH, John McAllister; HARRIS, Andrea L. *GenXegesis: Essays on alternative youth (sub)culture.* wisconsin: university of wisconsin press/popular press, 2003.

5

Inteligência emocional focada em sala de aula

Com o advento de uma nova era, onde a inteligência artificial supera a produtividade humana, o diferencial que temos são as emoções. O capítulo mostra como o docente deve se portar diante desse cenário, aplicando os preceitos da inteligência emocional em sala de aula, tornando-se, assim, um profissional insubstituível

Lu Paranhos & Solange Costa

Lu Paranhos

Coach pela ACT Coaching, graduada em administração de empresas pelas Faculdades Oswaldo Cruz, trilhou uma sólida carreira como secretária executiva de pequenas e grandes empresas. Também compôs equipes de *staff* de grandes eventos como o TEDx São Sebastião e o COINS 2017. Fundadora da Tipping Point, desenvolve programas de *coaching* em grupo e treinamentos corporativos voltados ao despertar e valorização de talentos humanos.

Contatos
www.tippingpoint.com.br
contato@tippingpoint.com.br

Solange Costa

Formada em secretariado executivo pelas Faculdades Metropolitanas Unidas. Sólida experiência como secretária atuando em instituições financeiras e empresas de pequeno porte. Docente em escolas técnicas, SENAC, no curso técnico de secretariado. Coordenadora dos cursos: Preparatório para Docência e Indicadores de Resultados na Área de Secretariado. Diretora adjunta do Sindicato das Secretárias e Secretários do Estado de São Paulo – gestão 2016/2020.

Contato
solange.cassia@yahoo.com.br

As últimas décadas de estudo nos campos da psicologia, sociologia e neurociência ampliaram as descobertas sobre a mente e o comportamento humano. Desde então, a inteligência emocional tem sido o centro de muitos fóruns de discussão, matérias, artigos científicos, palestras e até programas inteiros de treinamento. No entanto, essa geração segue desorientada e confusa, invertendo valores e pouco aplicando as informações que obteve para seu benefício ou evolução. Em outras palavras, pelo aumento mundial dos casos de depressão e outras doenças de fundo emocional, podemos comprovar que muito se pesquisa sobre o assunto e pouco se faz, quanto ao uso da inteligência emocional.

Na sua primeira edição de 2019, o programa *Fantástico* trouxe uma matéria muito interessante sobre as principais perguntas feitas na busca do *site* de pesquisa Google durante 2018. Esse levantamento foi realizado em diversos países. No Brasil, os três temas mais pesquisados foram: carreira, evolução pessoal e inteligência emocional.

A pesquisa afirma que das mais de 100 perguntas feitas ao Google, a maioria começa com a expressão: "como ser", entre elas estão "como ser feliz?!" "como ser melhor?!", isso nos revela subjetivamente o quanto as pessoas perderam suas referências pessoais, que estão desconectadas de sua própria essência e buscam fórmulas mágicas para suprir suas carências emocionais.

Em São Paulo, a frase mais recorrente foi "como ser feliz?!", coincidência?! Claro que não, a selva de pedra esconde por trás de seus resultados ao mercado um vertiginoso crescimento dos quadros de depressão. Em 2016, cerca de 75,3 mil trabalhadores foram afastados pela previdência social em razão do mal. Hoje, o país é considerado o campeão de casos na América Latina, com 5,8% da população com depressão.

Fatores como esses apontam a relevância do tema inteligência emocional e sua aplicabilidade no cotidiano do indivíduo. No entanto, esse texto não tem como objetivo ser um tratado acadêmico sobre o tema, antes a proposta é revelar a aplicação dos conceitos da inteligência emocional na rotina diária de um profissional do secretariado e conduzir o leitor à reflexão da abrangência do assunto na carreira como docente.

Definindo inteligência emocional

Daniel Goleman (1996), psicólogo e PhD, define a inteligência emocional como a "capacidade de identificar os nossos próprios sentimentos e os dos outros, de nos motivarmos e de gerir bem as emoções dentro de nós e nos nossos relacionamentos".

O psicólogo ensina que o controle das emoções é essencial ao desenvolvimento da inteligência de um indivíduo e atribui o sucesso na vida social e profissional à aplicação de cinco domínios principais: autoconhecimento, controle emocional, automotivação, reconhecimento das emoções em outras pessoas e relacionamentos interpessoais.

A inteligência emocional no cotidiano secretarial

O exercício do secretariado talvez seja uma das mais exigentes quanto ao desenvolvimento das competências comportamentais e sociais. Por ocupar uma posição estratégica, esse profissional transita o tempo todo em questões emocionais. São inúmeros os exemplos que podemos oferecer, da necessidade fundamental de usar as habilidades no trato com as emoções no cotidiano da vida secretarial, pois o desprezo dessa prática pode apontar o resultado trágico para a carreira de muitos profissionais que, ignorando princípios como o autorreconhecimento de suas emoções, colocaram a perder suas carreiras por se mostrarem arrogantes, insubmissos e descontrolados em situações que levaram a suas demissões, em cargos que estavam tecnicamente habilitados, mas emocionalmente despreparados.

Um exemplo interessante para nossa reflexão está no livro *O poder do subconsciente*, do Dr. Joseph Murphy, um dos maiores estudiosos sobre leis mentais e espirituais, PhD pela University of India, escritor, professor e conferencista. Ele relata a história de uma secretária executiva que teve sua vida e carreira mudadas pelo fato de observar suas emoções. Vejamos, a seguir, parte do texto, extraído do livro supracitado:

> Cíntia era secretária executiva de uma grande empresa. Veio me procurar porque sentia grande raiva de algumas colegas de escritório. Achava que elas andavam fazendo fofocas e espalhando mentiras a seu respeito. Ao ser questionada sobre a causa de seus sentimentos, reconheceu que tinha muitos problemas em seus relacionamentos com outras mulheres e disse: Odeio mulheres, mas gosto de homens. Continuando

nossa conversa, descobri que Cíntia falava de forma arrogante, insolente e áspera às funcionárias que chefiava. Havia certa vaidade na maneira como falava, e eu lhe disse que o tom de voz que usava poderia afetar desagradavelmente outras pessoas. Ela não se dava conta disso. Para ela, o ponto importante era que as colegas adoravam criar-lhe casos.

Como resultado dessa conversa, Cíntia parou de comportar-se da sua típica maneira irritada e começou uma jornada interior de autoconhecimento. Com as contribuições do Dr. Murphy, criou uma espécie de oração diária que a automotivava a ser compassiva com os outros e consigo mesma, agradecida e menos desconfiada. Ela fazia essa "oração diária" de modo regular, sistemática e consciente em seu escritório. A prática da prece transformou-lhe a vida, pois despertou o reconhecimento de suas emoções e até mesmo das causas ou dos gatilhos que as produziam. Seu ódio pelas mulheres tinha fundamento num trauma antigo e isso foi descoberto. Ao mudar seu comportamento, a atmosfera de crítica e aborrecimento no escritório desapareceu gradualmente e as colegas, que antes eram inimigas, tornaram-se amigas e companheira na sua jornada de vida.

Importante é reconhecer que o foco de estudo do Dr. Murphy é explicar as questões da mente consciente e subconsciente. Por meio da leitura de seus escritos, chega-se à conclusão de que apenas sermos polidos e educados nas situações de conflito não é inteligência emocional e, sim, diplomacia.

Os "sentimentos tóxicos" geram uma falha na produção de neurotransmissores como a serotonina e endorfina, que dão a sensação de conforto, prazer e bem-estar, multiplicando outras emoções negativas. O resultado disso é a somatização de diversos problemas de saúde física e emocionais no indivíduo.

Para manter bons ambientes e simultaneamente gozar de saúde mental, o profissional precisa da verdadeira inteligência emocional, que traz o domínio das emoções, refletindo positivamente sobre seu corpo.

Quando um profissional do campo secretarial passa a exercer o papel de docente, precisa usar toda a sua bagagem para enriquecer a qualidade de seu ensino. Nesse sentido, é necessário saber aplicar a inteligência emocional na sala de aula e é sobre isso que queremos discorrer nas próximas linhas.

A aplicação da inteligência emocional em sala de aula

O papel do professor sempre foi desafiador, afinal de contas, sempre coube a ele a função primordial de transmitir conhecimento. Porém, com os avanços no campo da inteligência artificial, os computadores estão se tornando mais rápidos e inteligentes que os humanos. Isso pode mudar a forma como trabalhamos, pois segundo o Fórum Econômico Mundial, até 2020, a automação deve eliminar sete milhões de empregos industriais nos 15 países mais desenvolvidos.

A tecnologia não ameaça apenas os trabalhos de "produção", ela também já impacta diversas profissões tradicionais. O relatório também indica que, até 2025, um em cada quatro empregos conhecidos hoje deverá ser substituído por *softwares* e robôs e que 65% das crianças que hoje entram nas escolas irão trabalhar em funções que atualmente não existem. A inteligência artificial permite que os *softwares* façam correlações entre fatos e aprendam novos conhecimentos. Teremos uma nova geração de máquinas que pensam e que poderão atuar em setores diversos como saúde, agricultura, serviços e construção.

Klaus Schwab é uma das principais vozes que anunciam a quarta revolução e seus impactos na humanidade. Segundo ele, nessa nova era surgirão oportunidades para os chamados "trabalhadores do conhecimento", pessoas que lidam com a criatividade, habilidades de negociação, estratégia e análise. Sendo assim, podemos concluir que nesse novo cenário, onde máquinas "pensam" e a inteligência artificial supera exponencialmente a produtividade humana, o único diferencial que temos são as emoções, portanto o docente que souber explorar as várias vertentes da inteligência emocional será de fato um profissional insubstituível que formará uma geração realmente preparada para o futuro.

Entendemos, portanto, que nos próximos anos a função do professor é absolutamente fundamental, abandonando o *status quo* de detentor pleno do conhecimento para assumir a condição de ser um vetor de conhecimento, abrindo espaço para o debate, interagindo e consolidando a visão dos próprios alunos para a construção das ideias, partindo de um ensino significativo, pois dá a oportunidade aos seus alunos de serem conscientes e responsáveis em sua forma de sentir, de pensar e de agir.

Reconhecendo as emoções das pessoas ao seu redor, o professor pode criar um canal extremamente fértil e acessível para uma interação equilibrada a partir de sentimentos como alegria, tristeza, medo, raiva ou até vergonha. Fazer isso, inclusive, potencializa a capacidade de aprendizado de conteúdos mais tradicionais, pois permite que cada um entenda e desafie os limites de seus estudos e os obstáculos que encontra tanto para aprender o conteúdo quanto para se relacionar com a família e os professores que fazem parte desse processo de aprendizado.

Consideramos relevante destacar, aqui, algumas dicas práticas para trabalhar a inteligência emocional aplicada à sala de aula:

a) **Exercite a empatia:** é importantíssimo que o docente consiga transportar-se para o lugar do aluno, para que, a partir desse olhar, construa seu plano anual de aula. Por si só, pensar na condição social, econômica e logística de vida dos alunos, muda a metodologia da aula, tornando-a mais dinâmica.

b) **Incentive o autoconhecimento:** trazer filmes, textos, dicas de livros ou palestrantes que inspirem o aluno na busca de autoconhecimento, gerando um ambiente propício a esse despertar, para que o educando continue essa busca além da sala de aula.

c) **Aponte o caminho:** na condição de mestre apontar caminhos, apoiar os alunos no ingresso de uma jornada já experimentada. É importante desvendar as agruras e as dificuldades da profissão mostrando os problemas, dores e as soluções, tanto no aspecto técnico quanto comportamental.

d) **Vença os "sabotadores":** é importante que o docente realize a autoaplicação da inteligência emocional, gerenciando suas emoções e pensamentos diante de muitas situações adversas, como alunos desinteressados; atritos com outros professores ou gestores; frustração com a instituição de ensino ou do gestor.

e) **Seja proposital:** planeje cada ação sua em sala de aula para que intencionalmente conduza o aluno ao desenvolvimento emocional e enriquecimento das relações interpessoais em sala de aula.

Conclusão:
O secretariado do futuro passa pelo olhar experiente, pela maturidade e pela constante inovação de um profissional completo em suas habilidades técnicas e comportamentais. O significado do ideal é a plenitude e não a perfeição.

A perfeição reportaria ao papel antigo do docente, onde ele era o dono da verdade. Já a plenitude propõe um profissional em constante evolução e melhoria, e que a cada dia se descobre melhor e assume sua identidade com segurança, imprimindo em seus alunos o empoderamento natural que se obtém pelo construto de sua melhor versão a cada dia.

Pode parecer clichê para muitos, mas a frase do educador Paulo Freire encerra com veracidade este capítulo: "ensinar não é transferir conhecimento, mas criar as possibilidades para a sua própria produção ou a sua construção".

Referências
BREARLEY, Michael. *Inteligência emocional na sala de aula*. São Paulo: Madras, 2014.
CURY, Augusto. *Gestão da emoção*. São José dos Campos-SP: Benvirá, 2015.
FANTÁSTICO. *Fantástico mostra quais foram as perguntas mais pesquisadas na web*, em 2018. Disponível em: <https://g1.globo.com/fantastico/noticia/2019/01/06/fantastico-mostra-quais-foram-as-perguntas-mais-pesquisadas-na-web-em-2018.ghtml>. Acesso em: 07 de jan. de 2018.
GOLEMAN, Daniel. *Inteligência emocional*. 5. ed. Rio de Janeiro: Objetiva, 1996.
LIMA, Luciana. *Revolução na educação*. Revista Você S/A, out. 2018.
MURPHY, Joseph. *O poder do subconsciente*. 14. ed. Rio de Janeiro: Best Seller, 2012.
SCHWAB, Klaus. *A quarta revolução industrial*. Editora Edipro, 2016.
SOCIEDADE BRASILEIRA DE INTELIGÊNCIA EMOCIONAL. *Como escolas podem estimular a inteligência emocional de seus alunos*. Disponível em: <https://escoladainteligencia.com.br/como-escolas-podem-estimular-a-inteligencia-emocional-de-seus-alunos/>. Acesso em: 07.de jan. de 2018.

6

Educação contemporânea: os desafios da didática e metodologia

A escola não vai ensinar as respostas, vai contribuir para que o estudante faça novas perguntas e conexões. Neste capítulo, evidencia-se a necessidade de mudanças na educação. A didática e a metodologia de ensino contribuem de forma expressiva para o aprendizado do estudante. O processo de aprendizagem deve fazer sentido para o aluno e é primordial que o professor seja a sua fonte de inspiração

Walkiria Almeida

Walkiria Almeida

Mestre em administração – área de concentração: gestão internacional pela ESPM. Pós-graduada em gestão empresarial pela FECAP. Graduada em Letras pela FATEMA. Conselheira do Sinsesp, gestão 2016/2020. Diretora da PhorumGroup. Professora da FMU (Laureate International Universities). Consultora da Toucher Desenvolvimento Humano. Autora do livro *Competências dos profissionais de secretariado em diferentes empresas – Novas Edições Acadêmicas*, 2017. Coautora do livro *Excelência no secretariado, Editora Literare Books International*, 2013. Coautora dos projetos premiados no CONASEC – *Curso Preparatório para Docência na Área de Secretariado*, de 2016 e *Indicadores de resultados*, de 2018. Coautora do *Secretariado Online*, lançado em outubro de 2017. Autora de artigos sobre o profissional de secretariado, publicado na Revista Gesec, do Sinsesp. Facilitadora de cursos na Consultre, Esafi, Unisescon e Sieeesp.

Contatos
w_almeida35@hotmail.com
Plataforma lattes: Walkiria Aparecida Gomes de Almeida

Ensino e aprendizagem

Para uma abordagem significativa sobre a educação contemporânea, a discussão sobre ensino e aprendizagem é necessária. Aprendizagem envolve estudo, fatos, acontecimentos, habilidades, atitudes, comportamentos e precisa ser relevante para o aprendiz, pois ele precisa se sentir parte do processo, assim, deve estimular o aluno a formular problemas e questões interessantes. (MASETTO, 2010).

O processo de aprendizagem não se resume a somente reter informações e, sim, fazer com que o estudante veja sentido nos conteúdos aprendidos e entenda a importância da aplicabilidade. (BATISTA E SILVA, 1998). A aprendizagem incentiva o aluno a experimentar o novo; que o faça participar com responsabilidade do processo e contribua com modificações de comportamento. (MASETTO E ABREU, 1990).

No mundo contemporâneo, a escola deve adequar-se a um novo cenário vivido pelos discentes e docentes. No século XXI os estudantes estão conectados e sobrecarregados com o excesso de informações e atividades.

Atualmente, cabe ao professor o trabalho de mediar a aprendizagem entre o aluno e a cultura, entre o indivíduo e a sociedade. Não existe mais espaço para estudantes dependentes, passivos e esperando as ordens do docente.

A área de secretariado tem um papel fundamental no cenário corporativo, social e contemporâneo. Nesse sentido, é imprescindível a formação de professores qualificados para os cursos técnicos, tecnólogos e bacharelado.

Educação por competências

O docente deve se preparar utilizando as competências técnicas voltadas ao curso que ministra. Paralelamente, deve desenvolver as competências humanas (comportamentais), a fim de aprender a lidar com os alunos das gerações Y e Z.

De acordo com o dicionário Aurélio, educação é um processo que visa o desenvolvimento do ser humano nos seus aspectos intelectual, moral e físico e a sua inserção na sociedade. Já competência é a qualidade de quem é capaz de apreciar e resolver certo assunto e fazer determinada atividade.

Portanto, a definição do termo educação por competências pode ser entendida como processo de desenvolvimento de um indivíduo, fazendo com que aprecie e resolva um determinado assunto. Já Perrenoud (1999) define competência como a capacidade de mobilizar diversos recursos cognitivos para solucionar qualquer tipo de situação.

Para Sacristán (2011), a educação por competência contribui com o aprendizado real e não como pura erudição. Ele exemplifica o aprendizado de um idioma. Quando se aprende um novo idioma, deve ser colocado em prática numa situação concreta. Educação é o processo oferecido a cada indivíduo para conhecer e questionar a origem, sentido e valor dos significados que formam o seu modo de pensar, sentir e atuar. A educação transcende limites culturais e sociais nesse sentido. Nisso reside a grandeza humana e sua complexidade: na possibilidade ilimitada de construir significados.

O desafio da educação contemporânea não está apenas nos limites do espaço escolar e, sim, nas atividades que os alunos podem desenvolver fora da sala de aula. É necessário que os docentes tenham uma visão ampliada das necessidades do seu cliente principal, "o estudante".

De acordo com o parecer 16/99 do CNE, para que um indivíduo tenha competência profissional é necessário que domine o seu trabalho de forma ampla, que tenha disposição para mudanças e, com isso, contribua ao seu autodesenvolvimento.

Por fim, a pedagogia das competências é um processo que tem como objetivo desenvolver no aprendiz a capacidade de utilizar os conhecimentos adquiridos em diversos cenários, construindo o seu próprio repertório. (CHING, SILVA E TRENTINI, 2014).

Didática de ensino
Didática consiste na análise e desenvolvimento de técnicas e métodos que podem ser utilizados para ensinar determinado conteúdo para um indivíduo ou grupo. A didática faz parte da ciência pedagógica, sendo responsável por estudar os processos de aprendizagem e ensino.

É válido observar que a didática, além de armazenar informações técnicas sobre o processo de ensino e aprendizagem, analisa a estratégia de ensino em todos os seus aspectos práticos, suscitando a habilidade de questionamento e de investigação em determinado assunto (PILETTI, 2004).

Atualmente, a definição de didática tem um sentido amplo e deve ser entendida como um campo de estudo que resulta nos processos de ensino. O professor não deve reproduzir somente conjecturas teóricas, mas trazer discussões para a sala de aula. O aluno precisa desenvolver sua capacidade crítica e ser capaz de questionar e fazer reflexões sobre todos os assuntos. (SFORNI, 2015).

Metodologia

Os métodos de ensino são técnicas desenvolvidas para ser utilizadas no aperfeiçoamento do ensino e aprendizagem. A metodologia é determinante para despertar o interesse no estudante. (PILETTI, 1995). O método deve ser escolhido de acordo com os objetivos e assuntos que serão desenvolvidos, levando em consideração o público e a instituição de ensino.

A metodologia é parte integrante de uma aula. O aluno precisa estar integrado com o conteúdo apresentado e discutido. O material exposto pelo professor deve fazer sentido para esse estudante. Cabe ao docente fazer conexões com o trabalho diário do estudante. A teoria é importante, mas a prática permitirá o desenvolvimento de um indivíduo.

O quadro seguinte relaciona alguns tipos existentes de metodologias.

Estratégias de ensino na perspectiva de Gil

Aula expositiva.	Constitui-se na "preleção verbal utilizada pelos professores com o objetivo de transmitir informações aos estudantes".
Exposição provocativa.	O professor propõe questões que favoreçam a reflexão.
Exposição-discussão.	Nessa abordagem, o professor encoraja os estudantes a expressarem e a discutirem seus pontos de vista em lugar de simplesmente levantar questões.
Discussões em classe.	A discussão é conhecida como um dos mais adequados métodos para o ensino universitário. Sua avaliação é geralmente positiva nos manuais de técnicas de ensino.

Aprendizagem com base em problemas.	É uma estratégia de ensino em que os estudantes trabalham com o objetivo de solucionar um problema.
Estudo de caso.	Constituem-se em descrições de situações-problema em um determinado conceito, vivenciadas por profissionais ou empresas, utilizadas como catalisadoras de discussões.
Atividades fora da sala de aula.	São atividades realizadas em outros ambientes que consistem na leitura de livros, jornais, revistas, trabalhos escritos, pesquisas, visitas técnicas etc.

Fonte: Barros, Dias e Silva, 2016.

Metologias ativas

É um processo abrangente onde o principal personagem é o estudante. Ele é responsável pelo seu aprendizado. Metodologia ativa é uma ferramenta para simplificar o aprendizado de adultos.

São as metodologias de ensino que beneficiam o aprender a aprender, pois estão vigorosamente comprometidas com o desenvolvimento do discente por meio da sua autoria em diversos conteúdos. O estudante deve ser autor dos seus próprios textos, buscando o aperfeiçoamento contínuo. (DEMO, 1991).

As metodologias ativas têm o potencial de despertar a curiosidade. Os alunos trazem elementos novos e o professor deve utilizar e aprofundar esses fundamentos. Berbel (2009) enfatiza que os alunos que se percebem como autônomos em suas interações escolares apresentam resultados positivos em relação à motivação, ao engajamento, ao desenvolvimento, à aprendizagem, melhoria de desempenho e ao estado psicológico.

No âmbito das metodologias ativas, docentes e discentes promovem a construção, a reconstrução e a desconstrução do conhecimento a partir das dúvidas e inquietações oriundas do programa de determinada disciplina. (DEMO, 1997). Entre outras capacidades, esse aluno deverá estar apto à resolução de problemas.

Paulo Freire (1996) defende as metodologias ativas. Para o autor, na educação de adultos, o que impulsiona a aprendizagem é a superação de desafios, a resolução de problemas e a construção do conhecimento e experiências prévias dos indivíduos. Metodologias ativas são processos interativos de conhecimentos, análises, estudos, pesquisas e decisões. Nesse caminho, o professor atua como facilitador.

Nesse contexto, as metodologias ativas apresentam como proposta o foco no processo de ensinar e aprender na busca da participação dinâmica de todos os envolvidos. Ressalta-se a importância de mudanças inerentes à condução de uma aula. O aluno torna-se protagonista no processo de construção do seu conhecimento, sendo responsável por sua trajetória e pelo alcance de objetivos e metas.

Referências
ABREU, M.C.; MASETTO, M.T. *O professor universitário em aula*: prática e princípios teóricos. 8. ed. São Paulo: MG editores associados, 1990.
BARROS, DIAS E SILVA. *Secretariado executivo e educação*. Fortaleza: Edições UFC, 2016.
BERBEL, N.A.N. *As metodologias ativas e a promoção da autonomia de estudantes*. Disponível em: <http://www.proiac.uff.br/sites/default/files/documentos/berbel_2011.pdf>. Acesso em: 07 de mar. de 2019.
BRASIL. Ministério da Educação. *Parecer CNE/ Nº 16/99*, de 05 de outubro de 1999. Dispõe sobre Diretrizes Curriculares Nacionais para a Educação Profissional de Nível Técnico. Disponível em: <http://www.educacao.pr.gov.br/arquivos/File/pareceres/parecer161999.pdf>. Acesso em: 20 de fev. de 2019.
CHING, H.Y.; SILVA.E.C.; e TRENTIN, P.H. *Formação por competência*: experiência na estruturação do projeto pedagógico de um curso de administração. RAEP- Administração: Ensino e Pesquisa, São Paulo, SP, v.15, no 4, 2014.
DEMO, P. *Pesquisa: princípios científico e educativo*. 2.ed. São Paulo: Cortez: Autores Associados, 1991.
FREIRE, P. *Pedagogia da autonomia: saberes necessários à prática educativa*. São Paulo: Editora Paz e Terra, 1996.
MASETTO, M.T. *O professor na hora da verdade: a prática docente no ensino superior*. São Paulo: Avercamp, 2010.
PILETTI, C. *Didática geral*. 18. ed. São Paulo: Ática, 1995.
_____*Didática geral*. 23. ed. São Paulo: Ática, 2004.
PERRENOUD, P. *Construir competências é virar as costas aos saberes?* Revista Pedagógica, Porto Alegre, RS, no11, pp. 15-19, 1999.
SACRISTAN, J, G. *Educar por competências: o que há de novo*. São Paulo: Artmed, 2011.
SFORNI, M.S.F. *Interação entre didática e teoria histórico cultural*. Educação e Realidade, Porto Alegre, 2015. Disponível em: <http://ambientedetestes2.tempsite.ws/ciencia-para-educacao/publicacao/sforni-m-s-f-interacao-entre-didatica-e-teoria-historico-cultural-educacao-e-realidade-p-00-00-2015>. Acesso em: 07 de mar. de 2019.

7

Ruptura do secretariado convencional com a transformação digital

Antes de presumir que a função de secretariado é meramente ilustrativa, operacional e menos importante, acredita-se no empenho e disposição que o profissional queira dar ao seu trabalho. Entende-se que secretariar, assim como em qualquer posição, é também perdurar nas desventuras e bonanças de um trabalho feito com amor

Denise dos Santos

Denise dos Santos

Formação técnica em secretariado, bacharelado em secretariado executivo e pós-graduação em assessoria executiva e gestão da comunicação integrada. Psicanalista por paixão, estudante do comportamento humano e idealista de técnicas comportamentais. Secretária executiva em grandes empresas nacionais e multinacionais. Escritora e influenciadora para a defesa do perfil multidisciplinar para o secretariado na atualidade e para o aperfeiçoamento contínuo de *soft skills* para a profissão.

Contatos
autoconhecimentoeperformance@gmail.com
Instagram: @de_sts
(11) 96380-2526

> "As pessoas educam para a competição e esse é o princípio de qualquer guerra. Quando educarmos para cooperarmos e sermos solidários uns com os outros, nesse dia, estaremos a educar para a paz."
> Maria Montessori

Cada vez mais, estimulam-se melhores práticas, mais desenvolvimento, formação específica e aprendizado contínuo. Afinal, por que com o secretariado deveria ser diferente? Porque deveríamos nos acomodar tendo apenas os profissionais que o exercem, não por escolha acadêmica, mas, muitas vezes, por terem sido inseridos nessa profissão, ainda que por estereótipos específicos.

Tenho reivindicado ao longo da minha prática profissional, e desde sempre, o que considero ser um perfil *multitasking* e com o aprimoramento das *soft skills*.

Acredita-se que o bom profissional de secretariado é aquele que tem a habilidade de personalização de suas atividades, a "leitura" externa de seus requerentes, demandantes ou clientes – sejam eles, internos ou externos. Utilizo como exemplo o conceito de *T-Shaped Skills*.

Capacidade de trabalhar fora da área central
← BROAD →
DEEP
Área funcional, disciplina ou especialidade

Observa-se que, no dinamismo organizacional dos últimos tempos, o profissional de secretariado e assessores executivos de alto escalão precisam reforçar sua subsistência e, automaticamente, seu custo como forma de contrapartida, endossando, cada vez mais, sua flexibilidade, sua polivalência e seu perfil multifacetado, para não estarem somente à mercê da tão conhecida relação de confiança, que outrora trazia a sua permanência e, também, a zona de conforto organizacional.

A nova geração de executivos, com maior grau de autossuficiência e, cada vez mais jovem, juntamente com a evolução tecnológica e a massiva enxurrada de informações, em que estamos inseridos socioeconomicamente, trouxeram, para grande parte das profissões, o desafio contínuo de desenvolvimento.

Um bom, preparado e engajado assessor é capaz de contribuir positivamente em todos os níveis da organização, não só para o executivo, mas para a sua área.

O conceito *T-Shaped Skills* é a boa junção de conhecimentos técnicos e específicos, como idiomas, por exemplo, com os conhecimentos gerais e comportamentais, como a leitura organizacional. Sendo assim, se faz necessária a mescla equilibrada de um perfil técnico operacional e de execução, com a habilidade e a maturidade para a tomada de decisões, estas fundamentadas pelo senso crítico e pela inteligência emocional, contribuindo, assim, ao exercício de um papel de alta *performance*.

Esse perfil, por sua vez, tem atraído tanto as organizações, como também os profissionais de secretariado, que se veem instigados a aumentar seu *range* de atuação, ampliando suas participações nas empresas e até fora delas, atuando como mentores, *coaches* ou influenciadores para o seu campo de atuação.

O novo cenário relacional e de transformação, que experimentamos, é reflexo de um conjunto de avanços tecnológicos, da tangibilidade da inteligência artificial e da grande exposição a informações. Esse conjunto também trouxe mudanças e reflexos para as organizações. A preocupação do distanciamento e a mecanização das relações humanas é factível.

Ao secretariado, mais do que nunca, exige-se criatividade, persuasão, criticidade e habilidades antes atribuídas a sua atuação estratégica e não somente à execução.

O profissional de secretariado de alto escalão – principalmente –, deve tornar seu executivo pelo menos 8% mais produtivo do que se estivesse trabalhando sozinho, mesmo que, hoje, este profissional dê suporte ao diretor, a sua equipe de *staff*, como também a toda a sua equipe hierárquica, diferentemente do atendimento exclusivo de um passado não muito distante.

O atendimento e suporte equivale, por exemplo, a poupar a este executivo cerca de cinco horas em uma semana de trabalhado de 60.

Acredita-se que o número seja maior, principalmente considerando as particularidades e dinamismo de algumas áreas organizacionais.

Além de suas funções específicas e de seu *job description* convencional, conclui-se que o profissional também tem a função relacional dentro de organização, pois atua como termômetro e um elo entre setores estratégicos e operacionais.

É um agente de aproximação e entendedor da cultura organizacional, permitindo-se, mesmo que intrinsecamente, a permanecer com o papel de agente reconciliador e mentor reverso.

Há quem diga que um assessor excelente, e detentor das "malícias" e da sagacidade de longos anos de atuação, pode desafiar as leis naturais, enxergar o subjetivo e as entrelinhas.

Mais do que nunca nos é exigido o entendimento tácito da organização, alto grau de inteligência emocional, observação, destreza, sutileza, discrição, confidencialidade, *timing*, automotivação, macrogestão e resiliência.

É imprescindível ao profissional de secretariado jogo de cintura para equilibrar as diversas funções e demandas que a posição exige. Permanecendo-se conhecedor, minimamente, das estratégias de negócios e das atualizações organizacionais, entendendo também das necessidades de seus clientes.

Sentir-se inserido no todo, e não apartado, é considerado um diferencial no mundo corporativo, principalmente ao secretariado.

Constata-se que as questões comportamentais não são fáceis para alguns profissionais.

É valido observar que sempre haverá lugar para o novo profissional de secretariado. Àquele que propositalmente resistiu e reinventou-se, aprimorando-se, tornando-se maior e mais importante estrategicamente.

Ressalta-se que enquanto houver pessoas, relacionamentos, comunicação e produtividade, haverá também secretários dispostos e engajados a acalmar um gerente, reescrever um *e-mail* mal formulado, minimizar um mal-entendido, acalmar os ânimos de um cliente, resolver uma iminente demanda de recursos humanos, solucionar um dilema, atuar como ouvinte, questionar e estimular uma ideia, agrupar pessoas, responder às dúvidas de outros colaboradores, planejar um evento, cobrar respostas, organizar uma viagem e conciliar demandas antes consideradas impossíveis...

Tudo e em pouco tempo, sem distração ao seu executivo.

Portanto, o profissional de secretariado é um rosto humano.

É solucionador, um tradutor e intérprete, é ajuda técnica, um diplomata e um banco de dados. É um psicólogo amador, um embaixador e relações públicas.

O secretariado é a porta de entrada para o mundo interno e o externo.

O secretariado, somos todos nós!

Vamos resistir e continuamente nos reinventar?

8

Leis de diretrizes e bases: secretariado e regulamentação da profissão

O profissional de secretariado é aquele que atua em escritórios assessorando executivos. É uma profissão que envolve muitas tarefas operacionais, mas que vem ganhando posições de destaque e se tornando bastante estratégica. Neste capítulo, os leitores poderão compreender as leis de diretrizes e bases que regulamentam a profissão, entender como o secretariado foi criado e as leis atuais da profissão

Marcela Hosne Ardito

Marcela Hosne Ardito

Carreira de 20 anos desenvolvida na área de secretariado, expressiva experiência em assessorar executivos e atuar em empresas nacionais e internacionais de médio e grande porte. Foco na organização das rotinas administrativas, elaboração de relatórios, redação de documentos diversos, controle de agendas, planejar viagens, eventos e reuniões e grande experiência na coordenação e treinamento de equipes de secretariado e *facilities*. Graduada em secretariado executivo trilíngue pela Fecap em 2005, graduada em Pedagogia pela Unisantanna em 2007, pós-graduada em Gestão Estratégica pela Unisal em 2011 e pós-graduada em formação de docentes em administração pela FEAUSP em 2014. Participante do evento internacional *Coins* em 2013 e 2015 e organizadora do evento em 2017. Cursando MBA em Gestão de Pessoas pela FMU.

Contatos
marcela.hosne31@gmail.com
(11) 99993-3302

"Estamos aqui para fazer alguma diferença no universo, se não, por que estar aqui?"
Steve Jobs

Segundo estudiosos, a palavra "secretária" tem origem no latim e deriva dos seguintes termos:
Secretarium – lugar retirado;
Secretum – lugar retirado, retiro;
Secreta - particular, segredo.

O primeiro registro que se tem sobre o ofício do secretariado data da idade antiga. O escriba era aquele que, na antiguidade, dominava a escrita e a usava para, a mando do regente, redigir as normas do povo daquela região ou de uma determinada religião. Também podia exercer as funções de contador, secretário, copista e arquivista.

A mulher passa a atuar como secretária de forma expressiva, na Europa e nos Estados Unidos, a partir das duas guerras mundiais. Com a escassez de mão de obra masculina, desviada para os campos de batalha e, com uma estrutura industrial/empresarial desenvolvida, as empresas não tiveram outra alternativa, para manterem-se em funcionamento, senão a de utilizar a mão de obra feminina, em todas as áreas.

No Brasil, a mulher surge como secretária na década de 1950. Nessa mesma época, houve a implantação de cursos voltados para a área como, por exemplo, datilografia e técnico em secretariado. Ao se analisar a trajetória do profissional de secretariado no Brasil, observa-se uma profissão que venceu muitos desafios, participou de mudanças importantes no cenário organizacional mundial e se adaptou às constantes inovações de tecnologia e de mercado.

Nas décadas de 1960 e 1970, houve a expansão da profissão, mas somente a partir dos anos 80 a categoria conseguiu, por meio de muita luta, a regulamentação da profissão, com a assinatura da Lei 7.377, de 30/09/1985.

Com a regulamentação a classe ganhou força, surgindo os sindicatos das secretárias.

Em 1988, foi criada a Fenassec – Federação Nacional de Secretárias e Secretários em Curitiba, Paraná.

Em 7 de julho de 1989, é publicado o Código de Ética Profissional, criado pela União dos Sindicatos.

Iniciou-se no ano de 1996 a luta pela criação de um Conselho Federal do Secretariado, por meio de ações junto a parlamentares por iniciativa de diversos sindicatos filiados à Fenassec. Buscando autorização para criar uma entidade que, ao fiscalizar o exercício profissional do secretariado, impulsionasse o aumento do número de vagas no mercado e a própria valorização da profissão, mas tal movimento esbarrou em empecilhos que mantêm o assunto em tramitação até a atualidade. (FERREIRA, 2011).

Se as mudanças ocorridas no mercado de trabalho brasileiro exigiram uma nova visão gerencial que permitia a administração participativa, o profissional de secretariado atualizou-se para elas, chegando à década de 1990 com perfil empreendedor, capaz de agir como gestor e oferecer consultoria, assumindo função de assessoria. (SÁLA, 2008).

Contudo, os movimentos de classe ainda lutam para que todas as conquistas da profissão, garantidas por lei, sejam cumpridas pelo mercado de trabalho. Neste artigo, busca-se responder, pela revisão dos conceitos de profissionalismo e da história do secretariado no Brasil, se a criação de um conselho federal para o secretariado, regulador e disciplinador da profissão, atenderia à necessidade da categoria de uma fiscalização do exercício profissional que proporcionaria a própria valorização da profissão.

O trabalho da secretária mudou muito com o decorrer do tempo. Se antes precisava ser uma exímia datilógrafa e fazer exatamente o que o chefe pedia, hoje ela assume uma posição mais independente, tomando decisões e peneirando o que deve ou não chegar às mãos da chefia. A datilografia e a taquigrafia foram deixadas para trás e substituídas pelas novas tecnologias.

Outro aspecto que também mudou foi a clássica divisão entre secretária júnior (iniciante), plena (meio de carreira) e sênior (executiva). Algumas empresas podem até usar as denominações, mas a verdade é que atualmente mesmo uma simples estagiária já pega um volume de trabalho compatível com o de uma profissional.

A moderna secretária é praticamente uma assessora da presidência ou diretoria para a qual trabalha. Além de gerenciar a qualidade das atividades que desenvolve na empresa, também administra a vida e a agenda particular dos executivos. Trata-se, portanto, de uma tarefa de extrema confiança, que exige discrição absoluta.

Diante disso, as palavras que poderíamos apontar como cruciais na rotina diária de uma secretária seriam: postura, discernimento e jogo de cintura.

Leis de Regulamentação da Profissão do Profissional de Secretariado

Lei 7377, de 30/09/85 E LEI 9261(*), de 10/01/96

Lei 7377, de 30 de Setembro de 1985

Dispõe sobre o exercício da profissão de secretário e dá outras providências

O Presidente da República.

Faço saber que o Congresso Nacional decreta e eu sanciono a seguinte Lei:

Art. 1º. O exercício da profissão de secretário é regulado pela presente Lei.

Art. 2º. Para os efeitos desta Lei, é considerado:

I – Secretário Executivo

a) o profissional diplomado no Brasil por curso superior de Secretariado, reconhecido na forma da Lei, ou diplomado no exterior por curso de Secretariado, cujo diploma seja revalidado no Brasil, na forma da Lei.

b) portador de qualquer diploma de nível superior que, na data de início da vigência desta Lei, houver comprovado, através de declarações de empregadores, o exercício efetivo, durante pelo menos trinta e seis meses, das atribuições mencionadas no Art. 4º. desta Lei (Red. Lei 9261 D.O.U. 11/01/96).

II – Técnico em Secretariado

a) o profissional portador de certificado de conclusão de curso de Secretariado em nível de 2º grau.

b) portador de certificado de conclusão do 2º grau que, na data de início da vigência desta Lei, houver comprovado, através de declarações de empregadores, o exercício efetivo, durante pelo menos trinta e seis meses, das atribuições mencionadas no Art. 5º desta Lei (Red. Lei 9261 D.O.U 11/01/96).

Art. 3º. É assegurado o direito ao exercício da profissão aos que, embora não habilitados nos termos do artigo anterior, contém pelo menos cinco anos ininterruptos ou dez anos intercalados de exercício de atividades próprias de secretária, na data de vigência desta Lei (Red. Lei 9261 D.O.U. 11/01/96).

Art. 4º. São atribuições do Secretário Executivo:
I – planejamento, organização e direção de serviços de secretaria;
II – assistência e assessoramento direto a executivos;
III – coleta de informações para consecução de objetivos e metas de empresas;
IV – redação de textos profissionais especializados, inclusive em idioma estrangeiro;
V – interpretação e sintetização de textos e documentos;
VI – taquigrafia de ditados, discursos, conferências, palestras de explanações, inclusive em idioma estrangeiro;
VII – versão e tradução em idioma estrangeiro, para atender às necessidades de comunicação da empresa;
VIII – registro e distribuição de expediente e outras tarefas correlatas;
IX – orientação da avaliação e seleção da correspondência para fins de encaminhamento a chefia;
X – conhecimentos protocolares.

Art. 5º. São atribuições do Técnico em Secretariado:
I – organização e manutenção dos arquivos da secretaria;
II – classificação, registro e distribuição de correspondência;
III – redação e datilografia de correspondência e documentos de rotina, inclusive em idioma estrangeiro;
IV – execução de serviços típicos de escritório, tais como recepção, registro de compromissos, informações e atendimento telefônico.

Art. 6º. O exercício da profissão de Secretário requer prévio registro na Delegacia Regional do Trabalho do Ministério do Trabalho e far-se-á mediante a apresentação de documento comprobatório de conclusão dos cursos previstos nos incisos I e II do Art.2º. desta Lei e da Carteira de Trabalho e Previdência Social – CTPS.

Parágrafo Único – No caso dos profissionais incluídos no Art.3º., a prova da atuação será feita por meio de anotações na Carteira de Trabalho e Previdência Social e através de declarações das empresas nas quais os profissionais tenham desenvolvido suas respectivas

atividades, discriminando as atribuições a serem confrontadas com os elencos especificados nos Arts. 4º. e 5º. (Red. Lei 9261 D.O.U. 11/01/96).
Art. 7º. Esta Lei entra em vigor na data de sua publicação.
Art. 8º. Revogam-se as disposições em contrário.
Brasília, em 30 de setembro de 1985. 164º.da Independência e 97º.da República

José Sarney Almir Pazzianotto
* Brasília, em 10 de janeiro de 1996. 175º.da Independência e 108º.da República
Fernando Henrique Cardoso Paulo Paiva

Referências
FERREIRA, F. D. *A atuação do secretário executivo no setor público: o caso da Universidade Federal do Ceará*. Dissertação de Mestrado, Universidade Federal do Ceará, Programa de Pós-graduação em Políticas Públicas e Gestão da Educação Superior – Poleduc, Fortaleza, CE, Brasil, 2011.
LIEUTHIER, B. Fenassec. *O grande despertar: de sua criação ao conselho profissional*. In: D'ELIA, B.; AMORIM, M.; SITA, M. (org.) *Excelência no secretariado: a importância da profissão nos processos decisórios*. São Paulo: Literare Books International, 2013.
METODISTA. *História e origem da profissão de secretária*. Disponível em: <http://portal.metodista.br/secretariado/sobre/historia-e-origem-da-profissao-de-secretaria>. Acesso em: 29 de nov. de 2018.
NOGUEIRA, R.M.C.D.P.A.; OLIVEIRA, J.S.F.O. *Profissionalismo e secretariado: história da consolidação da profissão*. In: Revista de Gestão e Secretariado, São Paulo, v.4. n.2, p.01-24, 2013.
SABINO, Rosimeri Ferraz; ROCHA, Fabio Gomes. *Secretariado: do escriba ao web writer*. Rio de Janeiro, RJ: Brasport, 2004. 166 p.
SÁLA, JANEIDE SOUZA. *Guia de fontes de informação para secretários executivos*. UnB. Brasília, 2008. Disponível em: <http://www.fenassec.com.br/pdf/artigos_trabalhos_guia_secretariado_janeide.pdf>. Acesso em: 29 de nov. de 2018.

9

As competências do profissional de secretariado na educação

O tema competência tem sido discutido em muitos programas de capacitação e liderança em grandes empresas e instituições. É preciso estar atento e adaptar-se às novas exigências e gerações, aplicando as competências necessárias para o sucesso do seu trabalho.

"Competência é a faculdade de mobilizar um conjunto de recursos cognitivos (saberes, capacidades, informações etc.), para solucionar com pertinência e eficácia uma série de situações". (Perrenoud, 1999)

Elídia Ribeiro

Elídia Ribeiro

MBA em gestão de eventos pela Universidade Anhembi Morumbi. Especialista em gestão empresarial para secretárias pela Universidade Metodista de São Paulo. Graduação em secretariado executivo trilíngue pela Universidade São Judas Tadeu. Possui 20 anos de experiência como secretária executiva de empresa de grande porte, assessorando aos acionistas, conselho administrativo e *family office*.

Contatos
elidia_ribeiro@hotmail.com
(11) 99631-0731

A palavra competência possui várias explicações, dependendo da visão de cada autor. Segundo o dicionário Aurélio, competência significa: capacidade, suficiência (fundada em aptidão), atribuições.

Perrenoud (1999) define competência como "uma capacidade de agir eficazmente em um determinado tipo de situação, apoiada em conhecimentos, mas sem limitar-se a eles".

Resende (2003) *apud* Giorne (2017) diz que competência é a transformação de conhecimentos, aptidões, habilidades, interesses, vontades etc. em resultados práticos.

Perrenoud nos apresenta dez grandes famílias de competências necessárias aos professores para ensinar com base na sua teoria, e o MEC, em sua Resolução nº 3, de 23 de junho de 2005, art. 4º, cita 13 competências / habilidades para a graduação em secretariado executivo.

Com base nessas informações, criou-se o quadro abaixo, para melhor análise e comparação de competências em comum e que podem ser utilizadas na docência do secretariado executivo.

Perrenoud	MEC
Organizar e dirigir situações de aprendizagem.	A capacidade de articulação de acordo com os níveis de competências fixadas pelas organizações.
Administrar a progressão das aprendizagens.	Visão generalista da organização e das peculiares relações hierárquicas e intersetoriais.
Conceber e fazer evoluir dispositivos de diferenciação.	Exercício de funções gerenciais com sólido domínio sobre planejamento, organização, controle e direção.
Envolver os alunos em suas aprendizagens e em seu trabalho.	Utilização do raciocínio lógico, crítico e analítico, operando com valores e estabelecendo relações formais e causais entre fenômenos e situações organizacionais.
Trabalhar em equipe.	Habilidade para lidar com modelos inovadores de gestão.
Participar da administração escolar.	Domínio dos recursos de expressão e de comunicação compatíveis com o exercício profissional, inclusive nos processos de negociação e nas comunicações interpessoais ou intergrupais.

Informar e envolver os pais.	Receptividade e liderança para o trabalho em equipe, na busca da sinergia.
Utilizar novas tecnologias.	Adoção de meios alternativos relacionados com a melhoria da qualidade e da produtividade dos serviços, identificando necessidades e equacionando soluções.
Enfrentar os deveres e os dilemas éticos da profissão.	Gerenciamento de informações, assegurando uniformidade e referencial para diferentes usuários.
Administrar a própria formação.	Gestão e assessoria administrativa com base em objetivos e metas departamentais e empresariais.
	Capacidade de maximização e otimização dos recursos tecnológicos.
	Eficaz utilização de técnicas secretariais com renomadas tecnologias, imprimindo segurança, credibilidade e fidelidade no fluxo das informações.
	Iniciativa, criatividade, determinação, vontade de aprender, abertura às mudanças, consciência das implicações e responsabilidades éticas do seu exercício profissional.

Adaptado pela autora (Perrenoud 2000 / MEC 2005).

Para Almeida (2016), quando o MEC divulgou essas diretrizes,

> fez um trabalho muito importante, de grande contribuição e relevância à área de secretariado, porém, observa-se que o perfil desse profissional mudou. Hoje, ele atua como agente facilitador, cogestor, empreendedor e consultor, gerando resultados para a organização.

Duran (2000) criou o conceito de competência com base em três dimensões: conhecimentos, habilidades e atitudes. Dessa forma, competência seria o conjunto de conhecimentos, habilidades e atitudes para atingir determinado objetivo. D'Elia, Amorim e Sita retratam o conceito de Duran, conforme quadro abaixo, de forma esclarecedora, mostrando como podemos utilizar esse conceito em nossa rotina.

Conhecimentos.	É o "saber adquirido", os conceitos, técnicas, teorias e metodologias relacionadas ao trabalho.
Habilidades.	É o "saber fazer", ou seja, é o conhecimento colocado em prática.
Atitudes.	São relacionadas aos comportamentos do profissional, a forma como ele age junto a pares, superiores e subordinados.

Elaborado com base em D'Elia, Amorim e Sita (2013).

Segundo Almeida (2016), o profissional de secretariado deve ter senso crítico, postura ética, capacidade de articulação, utilizar as competências específicas, visão generalista e sistêmica, ser empreendedor, gerenciar informações com eficácia, ser proativo, ser criativo, trabalhar em equipe fazendo uso da liderança, ter maturidade emocional, enfim, estar aberto ao aprendizado contínuo. Percebe-se que a citação anterior está ligada não apenas à área de secretariado executivo, mas também à educação. É importante que ambas as áreas estejam atentas a essas competências e habilidades.

Partindo do pressuposto das competências citadas por Perrenoud (2000) e MEC (2005), pode-se considerar que todas se encaixam no conceito de Duran (2000). Dessa forma, relacionam-se alguns pontos relevantes ao profissional de secretariado e que podem ser aplicados na docência.

Trabalho em equipe
Segundo Perrenoud (2000), pode-se definir uma equipe como um grupo reunido em torno de um projeto comum, cuja realização passa por diversas formas de acordo e de cooperação.

Pode-se considerar duas formas de trabalho em equipe: grupo de docentes e grupo de alunos. No primeiro grupo, pode-se unificar as matérias e permitir aos alunos desenvolverem um trabalho onde aplicarão os conhecimentos adquiridos. É possível montar grupos com os mesmos objetivos, para proporcionar um resultado melhor ao aprendizado.

No segundo, os alunos poderão discutir ideias e trocar experiências. Inicia-se aí o projeto de carreira, para saber trabalhar em equipe nas organizações. Não há dúvidas de que, em ambos os casos, o resultado tende a ser surpreendente. O trabalho em equipe provocará algumas atitudes e destacará competências até então desconhecidas. Um líder será destacado, o grupo se unirá em busca de um propósito. Perceberão que a comunicação e a união serão fundamentais ao bom desenvolvimento do seu trabalho.

Em equipe, várias habilidades serão destacadas e uns completarão os outros. Obviamente que o início será meio tumultuado devido à novidade, desconfiança, expectativas, entre outros. Mas no decorrer do trabalho, perceber-se-á como a união é importante para que o objetivo seja alcançado.

Schumacher *et al* (2013) defendem que uma equipe precisa atender a seis condições básicas: a existência de um desafio a ser superado, o comprometimento, a responsabilidade, a motivação, as habilidades e a união.

> Em equipes verdadeiras, seus membros estão envolvidos em seu próprio sucesso, e desta forma intensificam o foco na tarefa presente. Isso provoca o compartilhamento das informações e a delegação do trabalho.
> Schumacher, Portela e Borth (2013).

Organização e planejamento
Para trabalhar com a organização e planejamento existem duas ferramentas muito utilizadas nas organizações e que serão úteis para o docente ou profissional de secretariado.

- **Análise SWOT**

Essa técnica foi creditada a Albert Humphrey, líder de pesquisa na Universidade de Stanford nas décadas de 1960 e 1970. O termo SWOT tem sua raiz na língua inglesa, *Strengths, Weaknesses, Opportunities* e *Threats*, conforme mostra a figura. No Brasil, costuma-se chamar de Análise FOFA – Forças, Oportunidades, Fraquezas e Ameaças. É uma ferramenta muito usada em Gestão e Planejamento Estratégico para a análise de cenário.

Modelo de Análise Swot

S → Strengths (forças)

W → Weaknesses (fraquezas)

O → Opportunities (oportunidades)

T → Threats (ameaças)

Elaborado pela autora com base em pesquisas realizadas.

- **Ciclo PDCA**

D'Elia *apud* Frota (2013) cita o Ciclo PDCA como um método para a prática do controle, por meio de quatro fases básicas: *plan, do, check, act*. Ou seja, planejar, realizar, checar/controlar e agir. As etapas para a realização do ciclo do PDCA consistem em traçar um objetivo e a meta para o plano de ação. Em seguida, planejar de que forma se chegará ao objetivo e se cumprirá a meta, ou seja, definir as ações. O próximo passo será realizar, executar o planejamento. Na etapa do controle, poderá ser feita uma checagem de possíveis falhas e pontos a melhorar. O agir significa colocar em prática na sua rotina, criar um procedimento, considerando que o objetivo e a meta foram alcançados. Para melhor eficácia e atingimento do objetivo, é importante colocar prazo à realização de tarefas.

Fonte: Gustavo Periard (2011).

Administrar sua própria formação contínua
De acordo com doutor Lance H. K. Saertan (1994), *apud* Delia (1997),

> a competência se baseia na busca constante e contínua de novos conhecimentos. A sede de novas e melhores técnicas de ação é insaciável. Os grandes profissionais não são complacentes consigo mesmos. Continuam sempre a tentar o novo com seriedade. Nunca se sentem orgulhosos demais para aprender e, quanto mais aprendem, mais consciência tem de quanto lhes falta saber!

O docente, assim como o profissional de secretariado, deve-se manter em constante atualização e aprendizagem, pois nunca saberemos o suficiente. É importante ter uma educação continuada, pois o mundo está em constante mudança e devemos nos adaptar às novas gerações.

Os cinco componentes principais dessa competência, segundo Perrenoud (2000) são: saber explicitar as próprias práticas, estabelecer seu próprio balanço de competências e seu programa pessoal de formação contínua, negociar um projeto de formação comum com os colegas (equipe, escola, rede), envolver-se em tarefas em escala de uma ordem de ensino ou de sistema educativo e acolher a formação dos colegas e participar dela.

Criatividade / inovação
De acordo com Valentim (2008), criatividade é um processo cognitivo, individual ou coletivo, que gera ideias e perspectivas originais para uma determinada questão problemática ou não. Nesse sentido, acredita-se que a criatividade é pensar algo original e a inovação é a execução, ou seja, a inovação é a implantação da ideia criativa.

Um profissional estagnado, que não se atualiza, não tem espaço no mercado de trabalho. O docente ou profissional de secretariado que acha que sabe tudo e já está acostumado com sua rotina, será superado por outros que buscam inovação, atualização e são criativos.

A criatividade deve estar presente em nosso dia a dia na organização, devemos buscar novas formas para fazer o mesmo, porém de forma diferente. Com o avanço de novas tecnologias em um mundo que está em constante e rápido movimento, quem não cria e inova está perdendo tempo e ficando para trás. As novas gerações estão presentes na nossa organização e nas universidades, com isso precisamos acompanhar essa evolução.

Segundo Giorni (2017),

> O profissional de secretariado que deseja ter destaque em sua área de atuação deve se ver como educador, um líder inovador e criativo; um *coach*, um empreendedor que desafia obstáculos do dia a dia de trabalho, um profissional em quem os outros possam se espelhar e de quem possam se orgulhar!

Almeida (2016) ressalta que relacionamento com o cliente, gestão do tempo, trabalho em equipe, criatividade/inovação e negociação são competências relevantes na rotina do profissional de secretariado, e deveriam ser trabalhadas com mais produtividade durante as aulas.

Inúmeras são as competências para o bom desenvolvimento do nosso trabalho, pode-se citar uma infinidade delas. Porém, o profissional precisa estar atento aos desafios, manter-se atualizado e conectado, perceber as competências que melhor se aplicam ao seu objetivo. Dessa forma, será destaque em sua área de atuação.

Referências
ALMEIDA, WALKIRIA A. G. *Competências dos profissionais de secretariado de Empresas nacionais, nacionais internacionalizadas e estrangeiras no Brasil.* Dissertação apresentada como requisito para obtenção do título de Mestre em Administração, com concentração em Gestão Internacional, pela Escola Superior de Propaganda e Marketing – ESPM – São Paulo, 2016.
D'ELIA, MARIA E. *Profissionalismo: não dá pra não ter.* São Paulo. Editora Gente, 1997.
D'ELIA, B; AMORIM, M.; SITA, M. *Excelência no secretariado: a importância da profissão nos processos decisórios – como assessorar e atingir resultados corporativos e pessoais com competência e qualidade.* São Paulo: Literare Books International, 2013.
DICIONÁRIO DO AURÉLIO. *Qual é o significado de competência?* Disponível em: <https://dicionariodoaurelio.com/competencia>. Acesso em: 25 de jan. de 2019.
GIORNI, SOLANGE. *Secretariado, uma profissão.* Belo Horizonte: Editora Quantum, 2017.
GUSTAVO, PERIARD. *O ciclo PDCA e a melhoria contínua.* Disponível em: <http://www.sobreadministracao.com/o-ciclo-pdca-deming-e-a-melhoria-continua/>. Acesso em: 25 de jan. de 2019.
MARTINS, CIBELE B.; D'ELIA, MARIA E. *Modelos de gestão no contexto do profissional de secretariado.* Florianópolis: Departamento de Ciências da Administração, 1997.
PORTAL DA EDUCAÇÃO. *As contribuições teóricas de perrenoud para a aprendizagem.* Disponível em: <https://www.portaleducacao.com.br/conteudo/artigos/educacao/as-contribuicoes-teoricas-de-perrenoud-para-a-aprendizagem/32654>. Acesso em: 25 de jan. de 2019.
PERRENOUD, PHILIPPE. *10 novas competências para ensinar.* Porto Alegre. Tradução RAMOS, Patricia Chittonni – Artmed Editora, 2000.
SCHUMACHER, ALEXANDRE J.; PORTELA, K. C. ALMEIDA; BORTH, MARCELO R. *Ferramentas do secretário executivo.* Cuiabá. Portal do Secretariado, 2013.
VIDEOLIVRARIA. *Philippe Perrenoud e a teoria das competências.* Disponível em: <http://www2.videolivraria.com.br/pdfs/14867.pdf>. Acesso em: 25 de jan. de 2019.

10

DNA do profissional de secretariado

Este capítulo foi feito para você, profissional de secretariado, que tem em sua essência a força, resiliência, inteligência emocional e habilidade em departamentos estratégicos

Simone Tie Iizuka dos Reis

Simone Tie Iizuka dos Reis

Secretária executiva com mais de 15 anos de experiência. Graduada em secretariado executivo trilíngue pela FECAP e docente na área, também é formada pela Business & International Communication School. Iniciou sua carreira na área pública, no Instituto de Terras do Estado de São Paulo, como assessora de gabinete do diretor agrário. Trabalhou na ESPN como secretária do diretor de jornalismo e foi assistente executiva do Presidente e CEO do Buscapé Company. Também atuou em dois escritórios multinacionais de advocacia. Atualmente, é assistente executiva na Natura, onde atende três diretores globais, nas áreas de assuntos corporativos e relações com governo, estratégia e recursos humanos.

Contato
simonetie@gmail.com

Quando se pensa em excelência no exercício da profissão de secretária executiva, podemos imaginar os movimentos de um bailarino. O que difere um profissional que tem talento e aptidão indiscutíveis, daquele que treina incansavelmente em busca da técnica ou da perfeição? Se nenhum deles cometer um erro em frente à plateia, pouca coisa. A capacidade de encantar com competência, desde que seja fruto de esforço e aprendizado contínuos, faz com que todos desempenhem seu trabalho de forma muito parecida, não fosse por um detalhe: a paixão. É essa paixão que faz reagir aos desafios com disposição, bravura e coração aberto.

As competências e habilidades necessárias a um bom bailarino são únicas, assim como a de um profissional secretário executivo, sejam elas parte da essência de cada um, como pessoas ou adquiridas ao longo da carreira. E podemos enumerar algumas:

- **Gestor de informações**: é a habilidade de multiplicar e, ao mesmo tempo, filtrar informações, garantindo que sejam levadas ao executivo somente as necessárias e com alternativas de solução. Além de gerenciar essas informações, é preciso avaliar quando e como passá-las adiante.
- **Conexão de pessoas**: profissionais com essa habilidade atuam como intermediários nas relações da área em que atuam. Eles costumam ser ativos nos relacionamentos interpessoais, com objetivo de atender às demandas dos clientes internos e externos.
- **Estratégica**: parceira de confiança de grandes líderes executivos, participando direta ou indiretamente dos processos decisórios da empresa a fim de intensificar a sinergia de trabalho e parceria.
- **Facilitadora**: atua não só como facilitadora da vida do executivo como também facilita os processos internos. Possui visão sistêmica, conhece missão, valores, objetivos e planejamento estratégico a fim de contribuir com os resultados e com a qualidade do serviço. É fundamental à secretária executiva saber gerenciar os seus próprios processos rotineiros, a começar pelo *checklist* e pelo *follow-up*, garantindo mais produtividade.

Isso significa manter o foco na otimização do tempo, trazendo técnicas eficientes que economizem não apenas o seu tempo, mas também o do executivo.
- **Gestora**: é quem coordena todos os controles administrativos. O gerenciamento de outras áreas operacionais e administrativas também fica sob sua responsabilidade e supervisão.
- **Multiprofissional:** exercer múltiplas funções ao mesmo tempo e em várias áreas faz com que essa profissional seja capaz de atuar em qualquer segmento.

A primeira impressão

O profissional de secretariado é uma das primeiras impressões que se tem da empresa e de seus gestores. O profissional é um agente motivador, capaz de transmitir uma imagem positiva da sua área de atuação e de promover o intercâmbio entre subordinados e chefias.

Acredito que podemos ser mais do que imaginamos. Por isso, o autocuidado é imprescindível em muitos sentidos, como alimentação, atividade física e vestimenta, que deve ser adequada ao perfil da empresa. Um escritório de advocacia pede roupas mais formais, como terninhos e *tailleurs*; outras empresas demandam o bom senso, cuja diretriz deve ser sempre a adequação ao negócio, tudo aliado ao perfil dos executivos assessorados.

Também é fundamental cuidar do relacionamento corporativo com colegas e pares. Todos têm sua relevância – o *motoboy*, o recepcionista, o auxiliar de limpeza, entre tantos outros. Eles oferecem suporte no cotidiano para que todas as entregas sejam feitas com qualidade. Alguns detalhes, geralmente considerados mínimos, devem fazer parte da rotina, como cumprimentar as pessoas e tratá-las com igualdade, independentemente das diferenças culturais, sociais, econômicas, raciais e hierárquicas. Por fim, elogiar um bom trabalho realizado motiva pessoas e faz com que elas se sintam lembradas e reconhecidas. E nunca é demais.

Competências fundamentais

Atualmente, pode-se considerar que as principais competências do profissional de secretariado são:

1. Língua estrangeira (inglês, espanhol, mandarim, francês...)
2. Sistemas de gestão
3. SAP

4. Pacote *Office*
5. Cursos de atualização

Quanto às habilidades, são muito bem-vindas:

1. Resiliência
2. Comprometimento / responsabilidade
3. Rede de relações
4. Liderança
5. Adequação da vestimenta ao cargo e ao perfil do negócio
6. Capacidade de maximizar os resultados do executivo
7. Saber o momento de falar e escutar
8. A importância do NÃO para estabelecer ordem de prioridades
9. Organização do dia para prioridades e metas

Início da carreira
O começo não é fácil, portanto não se deve deixar de pensar de que sempre haverá aprendizado pela frente. A humildade em dizer o que não sabe é sempre bem-vinda, aliada ao interesse em aprender e fazer.

No início, é normal cuidar do atendimento telefônico, anotar recados, escrever atas, servir café e recepcionar clientes ou parceiros. Todas essas tarefas são dignas e têm muito valor, portanto, o profissional deve desempenhá-las com amor e qualidade. Isso criará portas para que ele seja notado e, consequentemente, ganhe novas atribuições.

A calma também é parte da evolução. Com dedicação e aprendizado contínuos, acredite, você pode perfeitamente avançar na carreira, sem pressa ou atropelos.

Se o comprometimento for total, nenhuma fase é mais ou menos desmerecedora. Todas são dignas de muito orgulho e carinho. Afinal, enfrentar o mundo corporativo não é para qualquer um, é para pessoas que acreditam e conhecem o seu real potencial!

Sempre é tempo de recomeçar
Qualquer profissional pode precisar interromper a carreira, seja por um período sabático, por projetos pessoais ou pelo nascimento dos filhos. Nesse caso, o recomeço é a melhor atitude, um verdadeiro presente a si mesmo!

É claro que, com a mudança, vêm o medo, novas condições salariais e a necessidade de revisitar nossas competências. Nesse momento, reative sua rede de relações e contatos. E não se esqueça, tudo vai valer a pena.

Doar e cuidar

Esses dois verbos definem o nosso DNA. O significado do "doar" está na entrega qualitativa do seu tempo e seus conhecimentos para que as demandas encantem e superem as expectativas dos executivos e seus clientes. Por "cuidar", entendo ser útil e colocar as habilidades a serviço do outro.

Nessa seara, é essencial ter inteligência emocional para lidar o tempo todo com perfis heterogêneos e situações de pressão. Administrar as adversidades do mundo corporativo e minimizar conflitos faz a diferença, conferindo muito valor ao profissional de secretariado.

Sabemos que secretariar, assessorar, cuidar, receber e organizar a agenda não são tarefas fáceis. E tudo isso inclui gerar resultados para os executivos. Esses desafios são possíveis por meio de uma boa parceria entre o profissional de secretariado e assessorado.

A comunicação entre o executivo e o profissional de secretariado deve ser clara e objetiva, portanto cuide para que a mensagem foi plenamente recebida e entendida.

A discrição e o sigilo, bem como saber identificar a linha tênue que define os limites dessa relação, também ocupam lugar de destaque no DNA da profissão.

Oportunidade em momento de dificuldade

O profissional que tem resiliência, agilidade, comprometimento, proatividade, alegria e serenidade, entre outras qualidades, verá que pode encontrar oportunidades mesmo em momentos adversos.

Nessas horas, o equilíbrio é uma grande expressão de inteligência emocional, assim como a administração adequada do tempo e a tomada de decisão, atributo bastante conectado aos dias atuais. Compartilhar experiências com os pares é outra forma saudável de crescimento e multiplicação de informações.

O profissional de secretariado é uma peça-chave na gestão organizacional de qualidade, pois traz tranquilidade na condução dos compromissos e ajuda a manter a positividade no ambiente executivo. Hoje, o profissional de secretariado executivo não trabalha mais para um determinado executivo, mas para a empresa.

O DNA do secretariado não é estático. Ele pode aflorar, gradativamente, por meio de cursos, participação em eventos, conselhos de outros profissionais, *networking* etc.

Nesse quesito, fazer *marketing* pessoal e falar das habilidades e competências no momento certo é muito saudável. Saber ouvir *feedbacks*, positivos e negativos, de forma madura e profissional, também é uma forma de crescimento. Tudo deve ser valorizado e bem recebido.

A carreira do secretariado é polivalente e propicia um aprendizado amplo oferecendo, inclusive, opções atrativas se quiser considerar um plano B.

Depoimento pessoal
Foi um desafio escrever sobre o DNA da profissão que, no meu entendimento é a nossa essência. Para isso, busquei inspiração na minha trajetória profissional com o objetivo de sensibilizar outras profissionais na evolução de suas carreiras.

Aprendi muito e quero continuar aprendendo.

Já tenho, a propósito, meu plano B: ser docente na área secretarial ou responsável pela área de expatriados.

A missão de ensinar me foi passada pelos queridos professores Edson Sadao, Cidinha Reis, Walkiria Almeida e Bete D´Elia, a quem tenho total gratidão.

Não poderia deixar de mencionar gestores incríveis que me inspiraram, foram alguns nesta caminhada profissional. Mas alguns marcam mais do que os outros, talvez pela afinidade e admiração e eu serei eternamente grata, por tudo, sempre. E com grande respeito cito alguns deles Romero Rodrigues, Marcelo Behar e Leónidas Gómez, saibam que a contribuição de vocês nas nossas conversas de *feedback* foram e são essenciais para a melhoria contínua e a entrega de qualidade.

Espero que outros executivos possam se espelhar no modelo de gestão e respeito com o profissional de secretariado.

Quero também homenagear as profissionais que para mim traduzem na íntegra o DNA do secretariado. Poderia citar várias aqui, inclusive as que me ensinaram no começo da carreira até as que divido o meu dia a dia atualmente, mas seria injusto mencionar apenas alguns nomes. Portanto, aqui fica a homenagem para todos os profissionais que cruzaram meu caminho ou que ainda fazem parte da minha rede de relacionamento profissional e pessoal.

Agradecimentos
Meu agradecimento e gratidão aos meus pais, Senji Iizuka e Mituko

Iizuka, que abdicaram de momentos de lazer para que seus filhos pudessem ter o que não tiveram, estudo e oportunidades. E não poderia deixar de mencionar meu parceiro de vida, Rodrigo Costa dos Reis, que aceitou viver comigo as loucuras e doçuras lado a lado com seu olhar carinhoso e crítico e que sempre me apoia nas tomadas de decisões pessoais e profissionais. E claro, meus filhos João Kenzo e Julia Emi, quem me inspiram a ser uma pessoa melhor, sempre!

11

Educação no Brasil: algumas considerações

Elencam-se algumas considerações sobre a educação no Brasil, no que compete à formação docente, contemplando seus aspectos históricos e trajetória. As políticas sobre formação de professores evidenciam sucessivas mudanças e reformas. Assim, a formação acadêmica adequada, aliada à experiência desenvolvida, por meio da atuação profissional, assegura ao docente um notável e elevado exercício profissional

Mônica Lima Tomaz

Mônica Lima Tomaz

Pós-graduada em formação de professores com ênfase no ensino superior pelo Instituto Federal de Educação, Ciência e Tecnologia de São Paulo. Pós-graduada em organização do trabalho pedagógico com ênfase em orientação educacional, supervisão e gestão escolar – Centro Universitário de Educação Uninter. Realizou curso de extensão em complementação do magistério superior, também pelo Centro Universitário Internacional Uninter. É graduada em secretariado pela mesma instituição e licenciada em letras – língua portuguesa. Possui mais de 18 anos de experiência profissional na área de secretaria acadêmica, supervisão de organização escolar, implantação de processos, gestão de equipe, legislação educacional e atendimento ao cliente.

Contato
monica.ltomaz@gmail.com

Refletir sobre a docência, aqui especialmente para a área de secretariado, é pensar na prática profissional, considerando a própria formação de professores e, consequentemente, a trajetória da educação no Brasil. Sabendo que os desafios desse campo datam da época do Brasil colônia e atravessam a contemporaneidade, uma análise histórica é de grande relevância para compreender de onde parte a educação formal e os desafios da trajetória docente no Brasil.

Organiza-se este capítulo em dois momentos: I – alguns apontamentos sobre a história da formação de professores no Brasil e um breve histórico sobre os cursos superiores brasileiros; II – relações da área do secretariado com a docência.

Os registros apontam que o primeiro estabelecimento de ensino com foco na formação docente foi instituído em 1684 (Reims - França), recebendo o nome de Seminário dos Mestres. Porém, observa-se o início da valorização da instrução escolar somente após a revolução francesa, período em que foram criadas as Escolas Normais (a primeira instalada em Paris, 1795) com a específica finalidade de formar professores.

Já no Brasil, a inquietação sobre a formação de professores fica evidente a partir da Independência. Essa preocupação é notória em 1827 com a promulgação da Lei das Escolas de Primeiras Letras e, mais tarde, em 1835, na província do Rio de Janeiro com a criação da primeira Escola Normal do país (seguindo o referencial de formação de professores europeu).

A Escola Normal tinha como missão preparar profissionais para atuar nas escolas primárias – Escolas de Primeiras Letras – preconizando, assim, uma formação específica. Por conseguinte, deveriam orientar-se pelas coordenadas pedagógico-didáticas. No entanto, contrariamente a essa expectativa, a preocupação com o domínio daqueles conteúdos que lhes caberia transmitir aos alunos acabou por desconsiderar o preparo didático-pedagógico.

Em 1890, o estabelecimento e expansão do padrão das Escolas Normais foi marcado com a reforma da instrução pública do estado de São Paulo, definindo seu modelo de organização e funcionamento.

A partir dessa reforma, o enriquecimento dos conteúdos curriculares anteriores, concomitantemente com os exercícios práticos de ensino é exaltado, sendo essa a principal inovação da reforma. Percebe-se, assim, que o movimento de instrução dos novos professores exigia a organização curricular, com preparação dos conteúdos científicos e também preparo didático-pedagógico, para assegurar professores bem formados. Após a primeira década de trabalho, esse impulso reformador foi enfraquecido, predominando novamente a preocupação com o domínio dos conhecimentos a serem transmitidos.

Ainda no início do século XIX, se faz presente a preocupação em formar professores para o secundário (o que corresponde hoje aos atuais anos finais do ensino fundamental e ao ensino médio), em cursos regulares e específicos. Tornando, assim, necessária a criação da universidade para a formação desse profissional docente.

Observa-se, no período, que o número de escolas secundárias era bem pequeno, assim como o número de alunos. Com o tempo, a industrialização acarretou na necessidade de maior escolarização e, por conseguinte, na expansão do sistema de ensino. Dessa forma, o aumento da demanda de professores apareceu como uma consequência natural.

A primeira instituição credenciada para a formação de professores para as escolas secundárias foi a Faculdade Nacional de Filosofia da Universidade do Brasil. Ela foi organizada e regulamentada pelo decreto nº 1.190, de 4 de abril de 1939. Assim, da orientação desse decreto, foi criado o "esquema 3+1" (três anos de formação eram dedicados ao estudo das disciplinas específicas ou conteúdos cognitivos e um ano para a formação didática), adotado nos cursos de licenciatura e pedagogia. Evidencia-se, desse modo, que o modelo de formação de professores em nível superior findou com o padrão de origem (as Escolas Normais), cujo alicerce eram as escolas experimentais, as quais cabia oferecer base de pesquisa e de caráter científico aos processos formativos.

Em 1968, o congresso nacional aprovou uma reforma universitária, pela Lei 5.540, de 28/11/68, definindo normas de organização e funcionamento do ensino superior. A Lei 5.692/71 também contribuiu para as diretrizes educacionais que modificaram os ensinos primário e médio, introduzindo a denominação de primeiro e segundo graus. Em 20 de dezembro de 1996, foi promulgada a então nova LDB – Lei de Diretrizes e Bases da educação 9.394/96, que está em vigor com as alterações aprovadas nos últimos anos.

Dessa forma, percebe-se que o processo de formação de professores revela um quadro de descontinuidade, embora sem rupturas.

Assim, é visto que a formação profissional dos docentes implica em objetivos e competências específicas, em todos os níveis e segmentos, aliados a uma estrutura organizacional adequada.

Em relação ao advento dos cursos superiores no Brasil, à margem das raízes atadas à independência da república e sob a inevitabilidade de formar quadros para o aparelho estatal, surgem as Academias de Direito de São Paulo e Olinda. Segundo Adorno (1998, p.88), o projeto de instalação desses cursos "foi aprovado na sessão de 31 de agosto de 1826 da Assembleia Geral Legislativa. [...] convertido em lei, a 11 de agosto de 1827".

Enquanto os cursos jurídicos foram criados e oficializados cinco anos após a independência, o primeiro curso de medicina, segundo Schwarcz (1993), teve seu projeto aprovado por lei em 1832, embora "o processo de consolidação da medicina enquanto atividade diversa da então praticada por barbeiros, sangradores e práticos levou a fundação, em 1829, da Sociedade de Medicina". (Schwarcz, 1993, p.196).

A partir de 1870, foi a vez da criação das escolas politécnicas, "que desempenharam um papel fundamental na institucionalização e na constituição do campo científico no Brasil". (HAMBURGER *et al*, 1996, p. 65). Ainda, segundo Hamburger (*et al*), 1996, entende-se por modelo politécnico "a camada intelectual que se caracteriza pela 'competência jurídica' e científica para atuar no campo das engenharias".

Após esse sucinto relato sobre a trajetória da história da educação no Brasil, com ênfase na formação de professores e primeiros cursos reconhecidos após a independência, pensaremos sobre a profissão do secretariado.

Sabe-se, a partir da história da humanidade, que os grandes líderes sempre se apresentavam com pessoas que os auxiliavam em suas tarefas. Não se pode deixar de citar os escribas, considerados homens letrados, portadores de conhecimentos gerais e máxima competência, que exerceram um papel muito importante ao surgimento da profissão do secretariado.

No Brasil, na década de 1970, configurando *status* e prestígio ao secretariado, inicia-se a formação de uma classe, uma categoria da profissão. Na educação, os registros apontam a universidade da Bahia como pioneira na área, criando em 1969 o primeiro curso de secretariado no Brasil. Porém, o reconhecimento oficial do primeiro curso de secretariado a nível superior (Universidade Federal de Pernambuco) concretizou-se em 1978 (CASTELO, 2007). Na década de 1980, a profissão é regulamentada pela Lei 7.377, de 30 de setembro de 1985.

> A lei define e esclarece o secretário executivo e o técnico em secretariado considerando secretário executivo o profissional formado no brasil em curso superior de secretariado e técnico em secretariado o profissional formado em curso de secretariado, em nível de 2º grau; e estabelecendo as atribuições de cada um. (CASTELO, 2007).

Surge na mesma década a Federação Nacional das Secretárias e também o código de ética do profissional de secretariado em 07 de julho de 1989 (ALMEIDA, 2013). Em 10/01/1996, como resultado da união da classe secretarial, a Lei de Regulamentação nº. 7.377/85 foi alterada e complementada pela Lei 9.261/96. De acordo com Castelo (2007):

> A Lei 7.377 não enquadrava grande parte da categoria profissional, foram dez anos de intensos trabalhos desenvolvidos pela FENASSEC e sindicatos junto aos órgãos públicos com o intuito de alterá-la e adequá-la à realidade profissional do país, possibilitando o registro na Delegacia Regional do Trabalho aos que não atendiam suas exigências.

Outra grande vitória foi o reconhecimento da profissão no catálogo de Classificação Brasileira de Ocupações – CBO, em 2002. Em março de 2004, foi aprovada as Diretrizes Curriculares Nacionais (DCN), por meio do Parecer CNE/CES n. 102/2004, para o curso de secretariado executivo, que tem como objetivo principal a garantia do padrão de qualidade para os cursos de secretariado:

> O curso de graduação em secretariado executivo se propõe formar bacharéis com sólidos domínios acadêmicos, científicos e tecnológicos específicos de seu campo de atuação, especialmente preparando-os para o eficaz desempenho de múltiplas relações de acordo com as especificidades de cada organização, mantendo o harmônico funcionamento nas interfaces *staff* / linha, gerenciando o fluxo de informações e desenvolvendo com sensibilidade metodologias capazes de diagnosticar conflitos, reduzir resistências a mudança, repassar a importância da concepção empreendedora da empresa, portando-se com competência e discrição (DCN, 2004).

Percebe-se que, apesar de ser uma profissão antiga, com evolução paulatina e de mérito, o profissional de secretariado presenciou o desenvolvimento do seu papel dentro das organizações mudar no decorrer do tempo, isto é, a evolução do perfil antes operacional ao perfil de cogestor/gestor.

Por esse prisma, cada vez mais nos deparamos com os constantes desafios da profissão, visto que a formação profissional se tornou padronizada com a intenção de universalizar o ensino entre as diferentes instituições e regiões, ficando a cargo do docente as adversidades da demanda regional, a fim de preparar profissionais aptos a enfrentar e lidar com as constantes mudanças do mundo do trabalho.

Referências

ADORNO, S. *Os aprendizes do poder: o bacharelismo liberal na política Brasileira*. Rio de Janeiro: Paz & Terra, 1998, p. 77-89.
ALMEIDA, W. *A importância da formação específica*. In: D'ELIA, B; AMORIM, M; SITA, M. *Excelência no secretariado: a importância da profissão nos processos decisórios – Como assessorar e atingir resultados corporativos e pessoais com competência e qualidade*. São Paulo: Literare Books International 2013, p. 91-97.
BOND, M.T; OLIVEIRA, M. *Conhecendo a profissão*. Curitiba: Intersaberes, 2013. (Coleção Manual do Profissional do Secretariado; v.1).
BRASIL. *Decreto-Lei 1.190 de 04 de abril de 1939*. Disponível em: <http://www.planalto.gov.br/ccivil03/Decreto-Lei/1937-1946/Del1190.htm>. Acesso em: 12 dez. 2018.
BRASIL. *Lei 5.540, de 28 de novembro de 1968*. Disponível em: <https://presrepublica.jusbrasil.com.br/legislacao/129118/lei-5540-68>. Acesso em: 12 de dez. de 2018.
BRASIL. *Lei 5.692 de 11 de agosto de 1971*. Disponível em: <http://www2.camara.leg.br/legin/fed/lei/1970-1979/lei-5692-11-agosto-1971-357752-publicacaooriginal-1-pl.html>. Acesso em: 12 de dez. de 2018.
BRASIL. *Lei 7.377 de 30 de setembro de 1985*. Disponível em: <http://www.planalto.gov.br/ccivil_03/LEIS/L7377.htm>. Acesso em: 10 de dez. de 2018.
BRASIL. *Lei 9.394/96 – Lei de Diretrizes e Bases da Educação*. Disponível em: <http://portal.mec.gov.br/seesp/arquivos/pdf/lei9394_ldbn1.pdf>. Acesso em: 08 de dez. de 2018.
BRASIL. Ministério da Educação. Conselho Nacional de Educação. *DCN - Diretrizes curriculares nacionais para o curso de graduação em Secretariado Executivo*. Brasília. DOU 12/04/2004. Disponível em: <http://portal.mec.gov.br/cne/arquivos/pdf/CES0146.pdf>. Acesso em: 08 de dez. de 2018.
CASTELO, M. J. *A formação acadêmica e a atuação profissional do secretário executivo*. Trabalho de Conclusão de Curso apresentado ao Curso de Secretariado Executivo – Universidade Estadual de Londrina, Centro de Estudos Sociais Aplicados, 2007. – Londrina, 2007. 129f.
HAMBURGER, A. I. DANTES, M.A.M.; PATY, M. PETITJEAN, Patrick. (Orgs.). *A ciência nas relações Brasil- França (1850-1950)*. São Paulo: EDUSP: FAPESP, 1996, p. 65-75.
SAVIANI, D. *Formação de professores: aspectos históricos e teóricos do problema no contexto brasileiro*. Revista Brasileira de Educação. v.14, n.40, jan./abr. 2009, p.143-155.
SCHWARCZ, L. M. *O espetáculo das raças. Cientistas, instituições e questão racial no Brasil (1870-1930)*. São Paulo: Cia das Letras, 1993, p. 189-202.

12

Processo de avaliação e técnicas de correção

Labutar por interesses da educação é o desígnio de cada educador. Neste capítulo, há uma abordagem sobre a avaliação e sua história, bem como a função do ensino superior na modernidade e a avaliação

Geneci Augusta do Nascimento Pereira

Geneci Augusta do Nascimento Pereira

Auxiliar de secretaria, administrativo e secretária na Fundação Instituto Tecnológico de Osasco-FITO. Atuou área contábil supervisor UBB – União de Bancos Brasileiros S/A. Dieese (assistente bibliotecário), Biblion Consultoria (auxiliar bibliotecário/CEDOC). Formação na Faculdade Campos Salles (licenciatura plena em nível Superior – especialização em contabilidade e custos). Faculdade de ciências da Fac-FITO – (bacharelado em administração de empresas). Pós-graduação em secretariado executivo: assessoria empresarial e educacional pelo Claretiano Centro Universitário.

Contato
geneciaugusta@hotmail.com

A avaliação e sua história

No momento atual, a avaliação segue o mesmo processo do Estado de Educação do Paraná, em 1986. No decorrer dos séculos, as diversas sociedades manifestaram expectativas diferentes em relação aos seus cidadãos (PARANÁ, 1986). Na sociedade eram apenas três as classes sociais, na Grécia clássica "a.C" e cada um nascia predestinado a ser escravo, artesão ou cidadão. Os cidadãos eram os escolhidos; tinham privilégio e habilidades de pensar e falar bem, o restante das camadas sociais era responsável pelo sustento dos outros cidadãos.

A desigualdade era vista pela humanidade como absolutamente normal, sendo essa a forma de ver o mundo. Ao poder político era importante manter a avaliação como estava sendo, dessa forma, agradava aos padrões da época. Ela era considerada da seguinte forma: escravos (atividades físicas), artesãos (serviços que ofereciam aos cidadãos), o cidadão (pela capacidade de argumentar e descrever a realidade, além de refletir sobre ela usando o raciocínio).

Diferentemente dos dias de hoje, não havia uma avaliação formal porque não existia uma educação em massa. Os jovens da época eram confinados em instituições de ensino ou confiados aos seus preceptores. Desse modo, não era necessária nenhuma constituição de um sistema formal de avaliação.

Durante o feudalismo, o ser humano também é visto como ser racional, mas isso só existia como dom de Deus que lhe deu alma. A alma explica a sua existência, pois é o que o diferencia de outro animal e também deve ser aprimorada. Nota-se que o incentivo educacional é de cunho espiritual e religioso. Por meio do conhecimento religioso sobre as sagradas escrituras, sendo só ele valorizado, é que foram criadas as primeiras universidades, voltadas unicamente ao ensino para teólogos e sacerdotes. A desigualdade entre os homens era entendida como expiação de pecados cometidos. Os escravos e camponeses garantiam a sobrevivência das camadas superiores da sociedade, que se dedicavam ao desenvolvimento da parte religiosa e da guerra.

Idade média – mundo, sociedade europeia, alteração, descobertas científicas, a ciência substitui a religião na explicação dos fatos e passa a ser um guia nas nações humanas. Na história, ideia de igualdade - trabalho - fonte de riqueza. Ser humano animal/racional que trabalhava melhorando condições da humanidade. O indivíduo com liberdade poderia trabalhar ou não. Produzir riquezas, mais do que o suficiente; assim é que teria o direito de vender o excedente, que ficaria para si.

Período da industrialização, descobertas da ciência da contradição entre trabalho e capital. Nas fábricas, impõe-se planejamento, ação e divisão detalhada de tarefas com o objetivo de alcançar índices crescentes de produtividade. Fim com a revolução francesa, considerada marco da idade contemporânea. Nesta fase ainda vivemos e temos como característica o modelo capitalista da produção. Estabeleceu-se o liberalismo.

Teoria de liberdade, igualdade – pessoas, sociedade não vista como hierarquizada; o indivíduo participaria da organização das decisões do Estado, estabilização da nova ordem – a burguesia –, expandir rapidamente, era o início da verdadeira escola como ela é hoje e também como a concebemos: espaços apropriados, salas de aulas para as gerações mais novas, a qual todos deveriam ter acesso. Segundo Saviani (1989, p. 51),

> escolarizar todos os homens era condição de converter os servos em cidadãos, era condição desses cidadãos participarem do processo político, e, participando do processo político, eles consolidariam a ordem democrática burguesa.

Importância da estratégia da educação – foi concedido aos estados nacionais o poder de assumir, planejar e organizar sistemas educacionais. Os conteúdos a serem adicionados eram de valores sociais e os saberes originados na ciência, que são repassados como verdades a serem aceitas. Para Libâneo (1983), a pedagogia liberal supõe antecipadamente que a sociedade atual é ideal e compreendia que o ser humano aprenderia, adaptando-se aos valores, normas vigentes. Sendo assim, cada pessoa seria educada para a vida adulta, conforme as suas aptidões. Isso acontecia por meio da cultura adquirida individualmente.

Conforme já citado anteriormente, o tipo de avaliação adequada a essa concepção de mundo é bastante diverso daquela utilizada no período medieval ou na Antiga Clássica (PARANÁ, 1986). O conteúdo definido pelo Estado, obrigatoriamente, tinha que ser assimilado pelos alunos, que eram cobrados em avaliação por provas orais ou escritas, onde teriam que reproduzir o mesmo que foi aprendido em sala de aula. Quem não soubesse seria ridicularizado perante a escola e aos demais. Aqueles que tinham sido bem-sucedidos serviam de exemplo para toda a comunidade.

Medidas e estratégias adotadas serviam para encorajar/forçar os alunos a se dedicarem mais. Segundo Saviani (1989), a consolidação da ordem liberal burguesa e a participação política das massas entraram em contradição com os interesses da burguesia, classe dominante. E, a partir daí seus interesses não têm mais o objetivo de transformar, mas, sim, de perpetuar a sociedade existente. Então, em um mundo em que a igualdade é apenas formal, a escola passou a desempenhar um papel de classificação e seleção dos "melhores", advindos das classes mais favorecidas, e exclusão dos "piores", em geral oriundos das camadas populares.

Vasconcellos (1995) entende que o grande entrave da "avaliação é o seu uso como instrumento de controle, de inculcação ideológica e de discriminação social". Para o capitalismo, a escola é ideal para formar trabalhadores com a finalidade de produzir (mercadorias); a intenção era o controle e educar os jovens mesmo de maneira rudimentar para atuar de diversas formas de organização tecnológica do trabalho. Em questão à socialização, os jovens foram se habituando ao mundo que beneficia o capitalismo; a escola passa a desenvolver um nível de cultura, que faz com que os trabalhadores adquiram liberdade e passem a se manifestar, o que não era interesse das classes dominantes.

A avaliação colabora com o processo de exclusão. Desde a infância, as classes sociais participam desse processo, o que é injusto devido às condições precárias em que vivem. São excluídos por formarem uma autoestima negativa deles mesmos. Segundo Silva (1999), apoiado na tese de Bourdieu e Passeron, as classes dominantes têm seu saber reconhecido pela escola, quando as classes populares não. Porque elas vivem em um mundo totalmente diferente, uma realidade única para cada criança. Sua linguagem, vivências do dia a dia não são reconhecidas nem válidas e tampouco desejáveis.

Quase como uma morte, as crianças pobres vão sendo excluídas do processo escolar, por repetência, evasão ou aprendizagem. Ao passar dos anos, após viverem alguns fracassos na escola, tendem a assimilar interiormente uma autoestima negativa e acreditam ser incapazes.

A função do ensino superior na modernidade e a avaliação

Olhando para a história, fica evidente o acoplamento da avaliação com pareceres e resoluções com o instante em que adentramos em sala de aula como professores. De acordo com Vasconcellos (1995, p. 45), "avaliar é, antes de tudo, uma questão política, ou seja, está relacionada ao poder, aos objetivos, às finalidades, aos interesses que estão em jogo no trabalho educativo". Não tem como debater avaliação sem a limpidez de qual é o dever do ensino superior na atualidade.

Para o estabelecimento de ensino, é indispensável argumentar e determinar com o conjunto de profissionais que nela está, sobre o que se entende como seu dever, qual seu pensamento de coletividade, indivíduo e de educação e, portanto, da avaliação. Afirmamos que compete às instituições de ensino superior, além da formação profissional de atributo, fortalecer nos estudantes – competências, progredir, estudar – aperfeiçoar a cidadania.

Cada curso conclui que todos são cidadãos coparticipantes pela atualidade e pelo porvindouro da nação. A modificação social visando uma sociedade mais digna passa pelo nível de discernimento, de condição moral e vinculada de cada um como mundo. Por essa razão, o engajamento igualmente se avoluma na universidade. Uniformemente em seu propósito mais repentino, as instituições de ensino superior têm a necessidade de cumprir um trabalho pedagógico que beneficie o crescimento das competências de refletir censurando o mundo, essencial para a anexação produtiva e mais para toda uma vida. A eficácia do raciocínio emancipado, da produção coletiva ou individual de programas, insumos e sugestões devem ser estimulados, já que a compra ativa e reflexiva da compreensão é primordial.

Entretanto, as transformações têm a necessidade de acontecer em todos os itens do procedimento de ensino-aprendizagem, bem como a percepção de quem é o nosso aluno, o apuramento dos meios e métodos instrutivos, e não somente na avaliação. De outra forma, é inadiável procurar a suplantação da avaliação burocratizada e pouco considerável, que ainda é preeminente na educação superior.

Referências
LIBÂNEO, J. C. *Tendências pedagógicas na prática escolar.* Revista da Ande. São Paulo, n. 6, p. 42-48, 1983.
PARANÁ. Secretária de Estado da Educação. *Avaliação, sociedade e escola: fundamentos para reflexão.* 2. ed. Curitiba: Seed, 1986.
SILVA, T. T. *Documentos de identidade: uma introdução ás teorias de currículo.* Belo Horizonte: Autêntica, 1999.
SAVIANI, D. *Escola e democracia: teorias da educação, curvatura da vara, onze tese sobre educação e política.* São Paulo: Cortez; Autores Associados. 1989.
VASCONCELLOS, C. S. *Avaliação: concepção dialética libertadora do processo da avaliação escolar.* 5. ed. São Paulo: Libertad, 1995.

13

O professor como agente de comunicação na sala de aula

Neste capítulo, objetiva-se trazer uma perspectiva moderna/atual dos desafios da comunicação com a geração digital; comentar, também, sobre a importância do professor na formação dos cidadãos, bem como do papel que ele assume ao ser responsável por trazer os alunos à reflexão, instigá-los e motivá-los a procurar seus propósitos

Lucinea Pessoa de Castro
& Eduardo César Pereira Souza

Lucinea Pessoa de Castro

Especialista em assessoria executiva pela Fundação Escola de Comércio Álvares Penteado (FECAP) e licenciada em letras (inglês) pelo Centro Universitário das Faculdades Metropolitanas Unidas. Técnica em secretariado pela EMSG Prof. Derville Allegretti. Desde 2003, trabalha na McKinsey & Company Inc., onde atualmente é *senior executive assistant*.

Contato
lucinea.castro@gmail.com

Eduardo César Pereira Souza

Mestre em linguística pela Universidade Cruzeiro do Sul (Unicsul). Especialista em metodologia do ensino de língua portuguesa e estrangeira pelo Centro Universitário Internacional Uninter. Bacharel em secretariado executivo pela Universidade Federal do Amapá (Unifap).

Contato
edwardsouza3@gmail.com

Introdução

Como se sabe, as problemáticas existentes na relação controversa e complementar do professor e os alunos são estudadas nas diferentes subáreas da educação e sob o viés de múltiplas teorias, mas pouco se sabe sobre o poder comunicativo do professor e, em especial, do professor de secretariado na sala de aula.

Afinal de contas, do mesmo modo que a comunicação pode se tornar em mais uma ferramenta de trabalho para o docente, tal como o giz, o quadro negro e o *data-show*, também pode acabar se tornando uma barreira entre o professor e o aluno, comprometendo, inclusive, a qualidade do ensino (BORTONI-RICARDO).

Tendo em vista tais afirmativas, neste capítulo, objetivamos trazer uma perspectiva atual dos desafios da comunicação com a geração moderna digital; comentar, também, sobre a importância do professor na formação dos cidadãos, bem como do papel que o ele assume ao ser responsável por trazer os alunos à reflexão, instigá-los e motivá-los a procurar seus propósitos.

Os desafios da comunicação com a geração moderna digital

A chegada das Tecnologias Digitais da Informação e Comunicação (TDICS) mudou definitivamente a forma como as pessoas se comunicam neste século XXI. Antes, uma carta ou uma conversa presencial cumpriam seu papel com maestria. Hoje, o *chat* de bate papo do Facebook ou uma chamada de vídeo pelo *WhatsApp* parecem ser mais interessantes.

Então, quando se parte para o universo dos mais jovens, especialmente aqueles que estão na faixa etária de 11 e 29 anos, vê-se que essas tecnologias se mostram muito mais presentes. Na verdade, nem precisa pensar em uma faixa etária, a tecnologia está por aí e atinge boa parte da população mundial. Em outras palavras: a comunicação a partir deste século se dará cada vez mais por meio dos recursos tecnológicos.

Ainda que o tecnológico já esteja no dia a dia das pessoas, as orientações extraídas do *site* de Bortoni-Ricardo, a seguir, servirão de base para a implantação de uma comunicação eficaz na sala de aula:

O que não fazer:
- Não ministre aulas sentado, isso pode causar ruídos na comunicação;
- Não fale muito devagar. Você corre o risco de entediar o ouvinte;
- Não fale muito rápido para que o aluno consiga acompanhar o seu raciocínio;
- Evite frases cheias de lacunas, tiques gestuais e repetição de palavras para não desviar a atenção do estudante;
- Atente-se aos vícios de linguagens: eles podem levar o aluno ao desinteresse;
- Não seja informal! Lembre-se de que você está em um ambiente acadêmico/escolar.

O que fazer:
- Dê aula em pé, de forma que o aluno possa enxergá-lo;
- Não fale nem muito devagar, nem muito rápido. Dê ritmo à comunicação!
- Utilize todos os canais da comunicação: visual, auditivo e cinestésico;
- Estabeleça uma comunicação rigorosa, agradável, confiável e eficaz;
- Crie estratégias de comunicação condizentes com o conteúdo.
- Seguindo na direção apresentada anteriormente, entende-se que conviver com o digital acarreta alguns desafios. Por exemplo: até que ponto o envolvimento com o tecnológico elimina o contato pessoal? Como superar a influência do "internetês" na escrita, na fala e no contato pessoal?

Acredita-se que esses questionamentos façam parte do cotidiano dos professores de modo geral, pois se vive em um tempo no qual as tecnologias estão ditando muitas regras: de comportamento, de convivência, de comunicação, de sobrevivência. De fato, ser professor neste século tem se tornado um verdadeiro desafio para quem deseja ingressar na carreira.

Considerando tal cenário, seria possível vislumbrar muitos outros desafios impostos pelo digital, mas, neste momento, é importante seguir evoluindo com as reflexões propostas ao tema deste capítulo.

A importância do professor na formação de cidadãos

Embora as tecnologias estejam muito presentes na sala de aula, e isso tem provocado diferentes comportamentos/reações em alunos e docentes, o professor segue com sua responsabilidade de formar pessoas, formar seres humanos, formar indivíduos que sejam capazes de se comunicar bem e cumprir seus papeis na sociedade.

O compromisso é de formar bons profissionais de secretariado ao mercado de trabalho, que sejam capazes de transformar o dia a dia conturbado das organizações em um espaço de diálogo e aprendizado. Não obstante, espera-se que eles estejam prontos para colocar em prática a "iniciativa, criatividade, determinação, vontade de aprender, abertura às mudanças, consciência das implicações e responsabilidades éticas do seu exercício profissional", algo que já estava previsto no artigo 4º, da Resolução n. 3, do MEC (BRASIL, 2005).

O espaço da sala de aula é lugar de aprendizado. É lugar de empatia. Lugar no qual o professor tem a oportunidade de escutar os alunos, de conhecer suas realidades, suas dificuldades, suas limitações, seus desafios. Ao mesmo tempo, espera-se que esses aprendizes colaborem com os professores, se dediquem às aulas, façam os trabalhos, estudem para as atividades avaliativas. O dia a dia na sala de aula deve ser uma via de mão dupla.

Além disso, é importante pensar em qual seria o papel que o professor assume ao ser responsável por trazer os alunos à reflexão, instigá-los e motivá-los a procurar seus propósitos. Como sabemos, essa não é uma tarefa fácil, já que não é incumbência de apenas um desses agentes. O anseio por sobrevivência e dias melhores não deve partir somente do professor. O aluno também precisa estar ciente de suas responsabilidades e dar o seu melhor.

Considerações finais

A participação docente no processo de formação do estudante é muito importante. Afinal de contas, entende-se que a comunicação entre esses agentes deve privilegiar a transmissão de informações claras, objetivas, de modo que possam cumprir seu papel instrucional e/ou informativo.

Neste capítulo foi proposto dissertar sobre qual seria o papel do professor de modo geral, mas, também, de secretariado, enquanto agente de comunicação na sala de aula, enfatizando-se as questões tecnológicas, muito presentes neste século XXI.

Tendo apresentado a presente contribuição, espera-se que elas possam corroborar com as demais discussões que estão sendo empreendidas no âmbito da educação para o secretariado e, em especial, nesta obra.

Referências

BORTONI-RICARDO, S. M. *Comunicação em sala de aula: o que fazer; o que não fazer*. Disponível em: <http://www.stellabortoni.com.br/index.php/artigos/1175-iomuoii-aiao-im-sala-ii-aula-o-qui-fazia-o-qui-oao-fazia>. Acesso em: 28 de jan. de 2019.

BRASIL. Ministério da Educação. *Resolução n.º 3, de 23 de junho de 2005*. Institui as Diretrizes Curriculares Nacionais para o curso de graduação em Secretariado Executivo e dá outras providências. 2005.

LÜCK, H. *A escola participativa: o trabalho do gestor escolar*. Rio de Janeiro: DP&A, 1998.

14

A plataforma *lattes*

Nos anos 80, surgiu o Banco de Currículos. Após isso, o CNPq disponibilizou, às universidades e instituições de pesquisas do país, buscas de currículos de pesquisadores brasileiros, padronizando, assim, o currículo *lattes*, que é visto pelas principais universidades, institutos, centros de pesquisa e fundações, como instrumento para a avaliação de pesquisadores, professores e alunos

Luciana Mara Vendramel Correa

Luciana Mara Vendramel Correa

MBA em assessoria executiva pelo Grupo Uninter. Bacharel em secretariado executivo pela UNIP (Universidade Paulista). Atua como secretária em escritório de advocacia desde 2011, assessorando as sócias em assuntos profissionais e pessoais. Membro do grupo de estudos Secretariando. Coautora do livro *Competências especiais para o desenvolvimento contínuo do profissional de secretariado executivo*, Compacta Gráfica e Editora Ltda, 2014, e do livro *Framework do plano de carreira do profissional secretário*, Compacta Gráfica e Editora Ltda, 2015.

Contatos
lucianamarasecretaria@gmail.com
Facebook: Luciana Mara Vendramel Correa
Instagram: @lucianamaravendramel
LinkedIn: Luciana Vendramel

O currículo *lattes* surgiu em 1993, desenvolvido pelo Conselho Nacional de Desenvolvimento Científico e Tecnológico (CNPq), como uma das ferramentas do banco de dados da plataforma *lattes*. Em 1999, tornou-se *online* e teve uma receptividade extraordinária no mundo universitário e fora dele.

O *lattes* permite o cadastro, envio, atualização e *download* de currículos de pessoas. Inicialmente, a ferramenta era exclusividade do mundo acadêmico, utilizada por professores, pesquisadores e alunos de pós-graduação. Atualmente, a plataforma é utilizada por empresas de alta tecnologia, as quais não apenas se cadastram no *lattes*, mas sondam e contratam profissionais cadastrados e que possuem o perfil que desejam.

Na plataforma *lattes,* as empresas encontram doutores, mestres e especialistas de diversas áreas, além de graduados e estudantes de ensino médio, técnico e tecnólogo.

Hoje, a base da plataforma *lattes* conta com cerca de dois milhões de currículos, e está consolidado como um elemento imprescindível ao sucesso acadêmico e profissional.

A plataforma *lattes* foi reconhecida internacionalmente por meio da revista *Nature*. Sendo assim, esse reconhecimento credencia o Brasil como uma nação que trata com seriedade a normatização de currículos profissionais.

No entanto, o *curriculum vitae* é uma palavra derivada do latim, que significa "trajetória de vida" e apresentar um *currículo vitae* competitivo faz parte do preparo acadêmico e profissional. Ele também é um dos elementos indispensáveis para empresas públicas e privadas na seleção de candidatos a um emprego.

É muito importante ter um currículo *lattes*, pois é ele quem identifica sua existência acadêmica e profissional, além de ser o mais completo em informações, podendo ser utilizado em qualquer nível acadêmico, apresentando todas as suas qualidades acadêmicas e profissionais, além de estar habilitado a competir entre as instituições, por bolsas de ensino, pesquisas e extensão, programas de pós-graduação e concursos, sendo, também, uma plataforma muito democrática, com igualdade de acesso e de espaço ilimitado.

O currículo *lattes* está se tornando um documento imprescindível no ato de inscrição em alguns programas como: seleção em mestrado, seleção de doutorado, concursos públicos nas universidades federais, concurso público estadual, concurso público municipal.

Cadastrando seu currículo lattes

Para cadastrar o seu currículo *lattes*, é necessário acessar o portal do CNPq (Conselho Nacional de Desenvolvimento Científico e Tecnológico), no *link* www.cnpq.br. Após acessar a página, clique no item Plataforma Lattes e, então, poderá verificar que, no acesso direto, conseguirá cadastrar o novo currículo, caso seja o seu primeiro acesso, ou optar por atualizar o currículo, uma vez que já possui cadastro.

Sendo o seu primeiro acesso, você terá (06) seis janelas que deverão ser preenchidas uma por vez, são elas:

1. **Cadastrar-se no currículo lattes** – entre em Cadastrar novo currículo. Informe sua nacionalidade, *e-mail*, crie uma senha e a confirme e digite os caracteres que aparecem na imagem.
2. **Informação pessoal** – primeiro nome, sobrenome, Data de nascimento, país de nascimento, sexo, cor, ou raça. Número de RG, órgão emissor, UF, data de emissão, número de CPF, número de passaporte, data de validade, data de emissão, país emissor, dentre outras informações.
3. **Endereço e contato** – endereço residencial ou profissional, instituição, país, CEP, endereço para contato, bairro, cidade, estado, telefone fixo e celular.
4. **Formação acadêmica** – insira a sua informação acadêmica, instituição, ano de início e conclusão, formação acadêmica em andamento, ano de início e curso.
5. **Atuação profissional** – assinale se você tem alguma informação profissional no momento e informe a instituição, país, tipo de contrato, cargo.
6. **Área de atuação** – neste campo, insira suas habilidades linguísticas e, para cada idioma, indique o nível de sua habilidade.

Após cada janela preenchida, clique em Próxima, para dar continuidade às informações seguintes. Quando confirmado o seu cadastro, você acessará o seu currículo e continuará com o preenchimento de todos os campos da plataforma, mas, para isso, será necessário acessar novamente a página do CNPq (www.cnpq.br), clicar em plataforma *lattes*, e selecionar Atualizar currículo.

Ao retomar o acesso, você precisará inserir muitas informações referentes a sua vida profissional, sendo elas: texto inicial do seu currículo, ou seja, resumo de sua vida acadêmica e profissional. No texto é necessário tomar muito cuidado com a escrita, não deve conter erros ortográficos ou gramaticais. Faz-se necessário também inserir uma foto, que deve ser muito discreta, uma vez que todos terão acesso ao seu rosto.

No decorrer do preenchimento de cada página, você irá se deparar com várias solicitações de informações, sendo elas:

- **Dados gerais** – onde será necessário informar sua identificação, endereço, idiomas, prêmios e títulos, texto inicial do currículo *lattes*, além de outras informações relevantes;
- **Formação** – incluir toda a sua formação acadêmica, titulação, pós-doutorado, formação complementar;
- **Atuação** – sua atuação profissional, local onde você trabalha, experiência profissional, entre outras informações;
- **Projetos** – nesta seção, você pode colocar o nome de seu projeto seguido de alguns dados como descrição; situação; se é um projeto de cooperação instituição de pesquisa e empresa; se o projeto possui potencial de inovação de produtos, processos ou serviços.

Após preencher os dados, existem outros campos que devem ser cuidadosamente preenchidos.

É muito importante informar no projeto o nome do coordenador, caso não seja você, pois ele será acionado pelo CNPq para preencher um formulário disponível em um *link* no próprio *e-mail* e um aviso no módulo de avisos do currículo *lattes*, solicitando a confirmação dos dados para efetivar a certificação do projeto.

Na sequência, no campo de produções, que é a maior aba da plataforma *lattes*, está dividida em três áreas:

1. **Produção bibliográfica** – onde deverão ser inseridos os seguintes pontos: trabalhos completos publicados em periódicos; artigos publicados; livros; textos em jornal ou revista, trabalhos publicados em anais de eventos; apresentações feitas em conferências, palestras, congressos, simpósios, entre outros. Partitura musical; tradução de artigos, livros, prefácio, posfácio e outras publicações bibliográficas, caso possua.
2. **Produção técnica** – são 16 (dezesseis) itens a serem preenchidos: Assessoria e consultoria; extensão tecnológica; programas de

computador sem registro; produtos; processos ou técnicas; trabalhos técnicos; cartas, mapas ou similares; curso de curta duração ministrado; desenvolvimento de material didático ou instrucional; editoração; manutenção de obra artística; maquete; entrevistas, mesas redonda, programas e comentários na mídia; relatório de pesquisa; redes sociais, *websites* e *blogs*; outra produção técnica.
3. **Outra produção artística/cultura** – este item é composto de 04 (quatro) partes: artes cênicas; música; artes visuais e outra produção artística/cultural.

Dando continuidade ao cadastro, chegamos à parte de patentes e registros, onde é solicitado o preenchimento dos campos: instituição onde foi depositada e o número de registro.

Na aba sobre Inovação, são 14 (quatorze) partes: patente; programa de computador registrado; cultivar protegida; cultivar registrada; desenho industrial registrado; marca registrada; topografia de circuito integrado registrada; programa de computador sem registro; produtos; processos ou técnicas; projetos de pesquisa; projeto de desenvolvimento tecnológico; projeto de extensão; outros projetos.

Seguindo o cadastro, vem a aba sobre educação e popularização de C&T. A seção é composta de 20 (vinte) partes relativas a conteúdos com educação e popularização de ciência e tecnologia. A seção é composta por: artigos completos publicados em periódicos; artigos aceitos para publicação; livros e capítulos; texto em jornal e revistas; trabalhos publicados em anais de eventos; apresentação de trabalho e palestra; programa de computador sem registro; curso de curta duração ministrado; desenvolvimento de material didático ou instrucional; entrevistas, mesas redondas, programas e comentários na mídia; programa de computador registrado; organização de eventos, congressos, exposições, feiras e olimpíadas; participação em eventos, congressos, exposições, feiras e olimpíadas; redes sociais, *websites* e *blogs*; artes visuais; artes cênicas; música; outra produção bibliográfica; outra produção técnica; outra produção artística/cultural.

O próximo cadastro será a seção de eventos, composta por duas partes:

1. **Participação em eventos, congressos, exposições e feiras** – onde você escolhe a forma de participação;
2. **Organização de eventos, congressos, exposições e feiras** – quando serão inseridos os trabalhos mais relevantes de sua produção e outras informações.

Já na aba seguinte sobre orientações, 02 (duas) partes são necessárias:

1. **Orientação e supervisão concluída** – onde você pode inserir sua dissertação de mestrado; tese de doutorado, monografias; entre outros.
2. **Orientação e supervisão em andamento** – neste caso, o preenchimento de orientação e supervisões em andamento são semelhantes ao do item anterior.

No item bancas, são 02 (duas) seções:

1. **Participação em bancas de trabalhos de conclusão** – ou seja, participação em mestrado, doutorado, exame de qualificação de doutorado, entre outras informações;
2. **Participação em bancas de comissões julgadoras** – deve indicar a natureza, professor titular, concursos públicos, livre docência, título, ano, pais e demais campos com os dados solicitados.

Na aba de citações, encontramos 04 (quatro) partes:

1. **Citações no ISI** – é uma plataforma digital que quantifica a produtividade e o impacto da produção científica dos pesquisadores;
2. **Citações no SciELO** – a Scientific Eletronic Library Online é uma das bases de citação mais conhecidas da comunidade científica brasileira;
3. **Citações no SCOPUS** – o preenchimento é semelhante ao do item anterior;
4. **Citações em outra base bibliográfica** – indica a base bibliográfica, número de citações, número de trabalhos, data e formatos do nome do autor na consulta para obter o total de citações.

Além de todos os itens aqui especificados, a plataforma *lattes* possui outros recursos que você pode explorar a qualquer momento, pois, uma vez cadastrado, seu currículo torna-se vitalício.

Referências

AQUINO, Italo de Souza, *Como preparar seu curriculum vitae – através da plataforma lattes*. 2. ed. João Pessoa: Editora Universitária / UFPB. 2014. 140p.

LATTES. Disponível em: <http://lattes.cnpq.br/ >. Acesso em: 15 de set. de 2018.

15

A pesquisa científica no âmbito da pós-graduação stricto sensu: algumas reflexões

Neste capítulo, faz-se uma breve contextualização sobre a pesquisa científica no secretariado brasileiro e foca-se, essencialmente, no mapeamento de dissertações e teses defendidas desde a década de 1990 no Brasil

Eduardo César Pereira Souza

Eduardo César Pereira Souza

Mestre em linguística pela Universidade Cruzeiro do Sul (Unicsul). Especialista em metodologia do ensino de língua portuguesa e estrangeira pelo Centro Universitário Internacional UNINTER. Bacharel em secretariado executivo pela Universidade Federal do Amapá (Unifap). Participa dos seguintes grupos: Núcleo de Estratégia, Gestão e Estudos Organizacionais – NEGEO (CNPq/Unifap) e Grupo de Pesquisas Interdisciplinares em Secretariado – Gpisec (CNPq/UFS). Membro da Associação Brasileira de Pesquisa em Secretariado (Abpsec) e da Associação de Linguística Aplicada do Brasil (ALAB). Foi diretor de comunicação e *marketing* no Sindicato das Secretárias e Secretários do Estado de São Paulo (Sinsesp) (Gestão 2016-2020), cujo cargo renunciou em fev./2019. Atualmente, está como gestor editorial da Revista de Gestão e Secretariado (GeSec).

Contato
edwardsouza3@gmail.com

O desenvolvimento de pesquisas científicas no âmbito do secretariado, especialmente na graduação e na pós-graduação, apresenta-se como um assunto recente, quer dizer, que tem se popularizado nas salas de aula e nos eventos secretariais somente a partir da consulta pública da SESu/MEC, em 2009. A iniciativa aqui referenciada diz respeito ao questionamento do governo federal sobre o incipiente número de estudos acadêmicos produzidos nos cursos de secretariado executivo e, caso não fosse mudado esse cenário, recomendava-se o fechamento de tais cursos e alocação dos estudantes em outras graduações das instituições de ensino (MARTINS; LEAL, SOUZA; TODOROV, 2017).

Embora essa questão dos estudos científicos no contexto do secretariado pareça algo novo, isso não é totalmente verdade, pois desde o surgimento das graduações em secretariado, na década de 1960, essa produção já vinha acontecendo, mesmo que de modo notadamente contido. Alguns dados que contextualizam essa afirmativa são: 1998 – 1ª defesa de dissertação de mestrado oriunda de profissional graduada em secretariado; 2001 - criação da Revista Expectativa na Universidade Estadual do Oeste do Paraná (Unioeste), campus de Toledo; 2006 – 1ªs defesas de teses de doutorado oriundas de profissionais graduadas em secretariado; 2002 - criação do 1º grupo de pesquisa na área de secretariado: Grupo de Pesquisa em Secretariado Executivo Bilíngue, na Unioeste.

No passo e descompasso dessa discussão, surge a seguinte problemática: como está o desenvolvimento dos estudos científicos na pós-graduação stricto sensu (mestrado e doutorado), uma vez que ainda não há programas específicos para o secretariado? Como se sabe, atualmente, quem deseja seguir a carreira acadêmica acaba tendo que escolher os cursos de áreas correlatas: administração, educação, psicologia, sociologia, letras e linguística, direito, desenvolvimento regional, dentre outros (SOUZA; GALINDO; MARTINS, 2015).

O secretariado como ciência?
Ao pensar no cenário da pesquisa científica no secretariado brasileiro, que é algo notadamente peculiar, já que esse movimento científico não existe em outras partes do mundo com a mesma intensidade que aqui, é inevitável não esbarrar nas questões que suscitam os embates sobre esse campo do saber enquanto ciência ou apenas como um terreno propício à aplicabilidade do pensar acadêmico, ou seja, passível de questionamentos científicos.

Hoeller (2006), por exemplo, afirma que o secretariado é um campo de estudo de aplicação e não uma ciência. Nonato Júnior (2009, 2012), por sua vez, defende o surgimento das Ciências da Assessoria como base para a concretização do secretariado enquanto campo científico e define a assessoria como o objeto de estudo dessa ciência. Quem também contribui com essa discussão é Sabino e Marchelli (2009) ao argumentarem que o secretariado não é autônomo; pelo contrário, ele utiliza de "ciências multidisciplinares" diversas, principalmente das ciências da administração. Nascimento (2012), na oportunidade, esclarece que o secretariado mantém relações com diferentes áreas do conhecimento e apresenta-se em fase de consolidação enquanto área de conhecimento.

Martins et al. (2014) entendem que o secretariado ainda não se apresenta como ciência ou campo do conhecimento, mas encontra-se em busca do estabelecimento do seu objeto de estudo. Leal, Santos e Moraes (2017), por sua vez, visualizam o campo secretarial a partir de uma perspectiva paradigmática e o enquadra essencialmente como funcionalista, que está limitado ora à proposição de técnicas ou metodologias gerenciais, ora à adaptação do secretário-executivo ao contexto de trabalho. Estes mesmos pesquisadores defendem que o secretariado precisa desenhar uma melhor comunicação com outros interesses cognitivos e com outras disciplinas, a exemplo os estudos organizacionais, de modo que possam contribuir para a definição do(s) fenômeno(s) de interesse secretarial.

De mais a mais, o que merece destaque em toda essa discussão é a contínua busca da cientificidade do secretariado, já que a efetivação dele enquanto ciência autônoma está distante da atual realidade. Além disso, não se sabe se essa "conquista" representaria a resolução dos problemas acadêmicos da área ou a chegada de novos.

Panorama da pós-graduação stricto sensu no contexto do secretariado: mestrado
Os resultados que serão apresentados nesta parte do trabalho foram coletados entre janeiro/2012 e dezembro/2018, a partir de consultas

periódicas na plataforma *lattes* (www.lattes.cnpq.br) e na biblioteca digital brasileira de teses e dissertações (BDTD) (www.bdtd.ibict.br).
No âmbito do mestrado, os números são os seguintes:

Com graduação em secretariado e dissertação sobre secretariado.	32
Com graduação em secretariado e dissertação sobre outros temas.	154
Sem graduação em secretariado e dissertação sobre secretariado.	22

Fonte: dados da pesquisa.

Do total de 170 mestres identificados (graduados em secretariado), 4% estão deles na região centro-oeste, 9% estão na norte, 19% estão na sudeste, 27% estão na nordeste e 41% está na região sul do Brasil.

No tocante às áreas dos programas, constata-se que 57 dos 170 mestres fizeram mestrado em administração/ciências empresariais; 25 em educação; e 19 fizeram em letras, estudos linguísticos ou linguística. Os demais em outras áreas, tais como: engenharia de produção, sociologia, desenvolvimento regional e agronegócio, psicologia, extensão rural, direito, ciência da informação, ciências veterinárias e tecnologia.

Sobre o espaço de trabalho desses 170 mestres: 21% deles estão atuando como docentes nas universidades, faculdades, centros universitários etc., e, no entanto, 79% estão exercendo cargos de secretário no mercado de trabalho.

Panorama da pós-graduação stricto sensu no contexto do secretariado: doutorado

No que diz respeito ao doutorado, os números encontrados foram os seguintes:

Com graduação em secretariado e tese sobre secretariado.	9
Com graduação em secretariado e tese sobre outros temas.	40
Sem graduação em secretariado e tese sobre secretariado.	8

Fonte: dados da pesquisa.

Do total de 49 doutores (graduados em secretariado), 5% deles estão na região norte, 9% estão na centro-oeste, 12% estão na sudeste, 28% estão na nordeste e 43% estão na região sul do Brasil.

No tocante às áreas dos programas, nota-se que 17 desses 49 doutores fizeram doutorado em administração/ciências empresariais; 9 em educação; e 8 fizeram em letras, estudos linguísticos ou linguística. Os demais em outras áreas, tais como: engenharia de produção, sociologia, desenvolvimento regional e agronegócio, psicologia, sociedade e cultura na amazônia e tecnologia.

Sobre o trabalho desses 49 doutores: 98% deles estão atuando como docentes nas universidades, faculdades, centro universitários etc. e apenas 2% deles estão exercendo cargos de secretário no mercado de trabalho.

Considerações finais

Com base nas informações apresentadas sobre a pós-graduação *stricto sensu* no âmbito do secretariado, é possível afirmar que, aparentemente, tem sido o doutorado o formador de corpo docente para as universidades, pois dos 49 doutores investigados, 98% deles estão inseridos nas salas de aula.

Outra questão importante, mas não discutida nas sessões apresentadas, é que apenas quatro professores/pesquisadores conseguiram fazer mestrado e doutorado sobre o secretariado. Isso, por sua vez, revela uma faceta interessante sobre a dificuldade de se ter projetos de dissertação e tese aprovados nos processos seletivos dos diferentes programas.

Ainda é possível inferir que professores/profissionais de outras áreas estão mais dispostos a pesquisar sobre o secretariado do que os da própria área, já que dos 49 doutores identificados, apenas nove deles escreveram teses sobre o secretariado. Quando partimos para os não-formados em secretariado, conseguimos catalogar oito teses.

No que diz respeito especificamente aos mestrados, é oportuno destacar que eles estão adquirindo características de qualificação profissional para o trabalho, uma vez que dos 170 secretários executivos mestres, 79% deles estão inseridos nos escritórios. Em outras palavras, no século XXI, não basta ter apenas graduação em secretariado.

Em suma, é possível afirmar que os secretários executivos estão se interessando cada vez mais pelos programas de pós-graduação *stricto sensu*, pois, atualmente, temos mais de 200 egressos de secretariado com mestrado e/ou doutorado.

Referências

HOELLER, P. A. F. *A natureza do conhecimento em secretariado executivo*. Revista Expectativa, Toledo, v. 5, n. 5, p. 139-145, 2006.

LEAL, F.; SANTOS, L.; MORAES, M. *Uma perspectiva paradigmática para o campo teórico-empírico do secretariado executivo*. In: CONGRESSO INTERNACIONAL DE SECRETARIADO (COINS), 2017, São Paulo. Anais... São Paulo: COINS, 2017.

MARTINS, C. B.; MACCARI, E. A.; SILVA, A. O.; TODOROV, M. C. A. *Retrato dos periódicos científicos de secretariado no Brasil*. Eccos, São Paulo, n. 34, p. 6383, maio/ago. 2014.

_____; LEAL, F. G.; SOUZA, E. C. P.; TODOROV, M. C. A. *A busca da cientificidade do secretariado no contexto brasileiro: aspectos históricos e contemporâneos*. R. Gest. Anál., Fortaleza, v. 6, n. 1/2, p. 270-286, jan./dez. 2017. Doi:10.12662/2359-618xregea.v6i1/2.p270-286.2017

NASCIMENTO, E. P. *Pesquisa aplicada e interdisciplinaridade: da linguística ao secretariado*. In: DUARTE, D. G. (Org.). Pesquisa em secretariado: cenários, perspectivas e desafios. Passo Fundo: Editora da Universidade de Passo Fundo, 2012.

NONATO JÚNIOR, R. *Epistemologia e teoria do conhecimento em secretariado executivo: a fundação das ciências da assessoria*. Fortaleza: Expressão Gráfica, 2009.

_____. *Objeto de pesquisa em secretariado executivo*. In: DUARTE, D. G. (Org.). Pesquisa em secretariado: cenários, perspectivas e desafios. Passo Fundo: Editora da UPF, 2012.

SABINO, R. F.; MARCHELLI, P. S. *O debate teórico-metodológico no campo do secretariado: pluralismos e singularidades*. Cadernos EBAPE.BR, Rio de Janeiro, v. 7, n. 4, p. 607-621, 2009.

SOUZA, E. C. P; GALINDO, A. G.; MARTINS, C. B. *A Produção acadêmico-científica no campo do secretariado: mapeamento de dissertações e teses no período de 1999 a 2013*. Revista de Administração Geral, v.1, n.1, p. 154-173, 2015.

16

O profissional de secretariado atuando na docência

Num cenário de constantes transformações, o profissional de secretariado executivo necessita se reinventar e se manter atual, expandindo suas fronteiras. Com isso, na tentativa de minimizar a carência de educadores especialistas da área, o plano de carreira surge como uma vertente para fomentar novos profissionais na expansão docente

Cláudia F. Avelino & Maria Vilma de Lima

Cláudia F. Avelino

Pós-graduada em administração e organização de eventos pelo SENAC e graduada em secretariado executivo bilíngue pela Universidade Anhembi Morumbi. Participação no CPDAS (Curso Preparatório de Docência na Área de Secretariado). Atuação como secretária executiva por 28 anos, no ramo editorial. Atualmente, é secretária executiva remota, organizadora de eventos, palestrante, professora de secretariado executivo, eventos e assuntos correlatos. Participação em bancas de avaliações de TCC e ministra treinamentos corporativos.

Contato
fa.clau@uol.com.br

Maria Vilma de Lima

Pós-graduada em assessoria executiva pela FECAP e graduada em administração de empresa pela UNINOVE. Participação no CPDAS (Curso Preparatório de Docência na Área de Secretariado). Possui oito anos de experiência com importantes executivos de diretoria e presidência, do segmento de varejo. Palestrante e participante de bancas de avaliações de TCC.

Contato
mvilma.lima09@gmail.com

"A figura do professor é mais importante do que o que ele ensina."
Karl Menninger, psiquiatra americano

O secretário executivo desenvolveu, nos últimos anos, um perfil embasado na flexibilidade e inteligência emocional. Impulsionado pelos pilares da assessoria, consultoria, empreendedorismo e gestão que o permitiu ampliar sua área de atuação, reformulando sua metodologia de desenvolver o seu trabalho. Gerando mudanças na profissão, que trouxeram novas oportunidades a esses profissionais, consequentemente, a ampliação de sua *performance*. Na literatura científica, as obras são limitadas e a ausência do Secretariado na classificação das áreas do conhecimento do CNPq (Conselho Nacional de Desenvolvimento Científico e Tecnológico), a inexistência de cursos de pós-graduação *stricto sensu* na área e a carência de teorias que limitam o conhecimento em secretariado.

Em 1996, foi publicada a LDB (Lei de Diretrizes e Bases), na qual a preparação dos docentes passou a ser de responsabilidade dos cursos de pós-graduação, prioritariamente em programas de mestrado e doutorado. Caminho que o profissional de secretariado deve seguir para a ampliação no âmbito acadêmico. O profissional que atua no mercado corporativo possui um repertório de vivência e conhecimentos que, atrelados e somados à teoria, ajudará na formação de um aprendizado consistente na docência, impulsionando, assim, um ensinamento genuíno.

Em meados de 2015, as organizadoras deste livro Prof^{as}. Bete D'Elia e Walkiria Almeida criaram o CPDAS (Curso Preparatório de Docência na Área de Secretariado) para preencher a lacuna mencionada. Esse projeto foi ganhador do prêmio profissional de secretariado do ano pela CONASEC, em 2016. As coautoras deste capítulo foram participantes do CPDAS, na 2ª turma, e consideram que o curso foi um divisor de águas na carreira da docência, possibilitando a abertura de um excelente *networking* na área, com um conteúdo muito rico e com a aplicação de vários exercícios práticos.

O secretariado e a docência "tudo a ver"

O docente é um apaixonado pelo conhecimento e tem uma inquietação eterna, que o move. Já com o secretário executivo não é muito diferente, ele tem também os atributos fundamentais à docência.

Segundo Masetto (2002), a docência no ensino superior exige não apenas domínio de conhecimentos a serem transmitidos por um professor, mas também um profissionalismo semelhante ao exigido para o exercício de qualquer profissão.

Conforme Santiago e Silva (2017), o secretário-docente possui o desejo e a necessidade de compartilhar e enriquecer as competências do secretariado, acrescido o famoso "brilho nos olhos", que é a transmissão da verdade e transparência daquilo que o motiva.

Queiroz e Leite (2011) dizem que "O plano de carreira é parte tangível do processo de gestão de carreira, que possibilita ao empregado conhecer os requisitos, atribuições, competências dos cargos e formas de ascensão."

Segundo a SEEDUC (Secretaria de Estado de Educação), no ensino superior existem os níveis de cada categoria para a docência:

- **Professor especialista:** profissional da área de ensino que, além do curso de graduação, possui um curso de especialização, devidamente credenciado pelos órgãos.
- **Professor graduado:** após seis meses no quadro, na categoria de especialista, no prazo de seis meses, contados dessa data, comprovar inscrição em curso de especialização *lato sensu* ou *stricto sensu*.
- **Professor mestre:** curso de graduação, deve ter a pós-graduação *stricto sensu* em nível de mestrado, devidamente credenciado.
- **Professor doutor:** curso de graduação, pós-graduação *stricto sensu* em nível de doutorado o qual, devidamente credenciado, exerce atividades de docência em cursos superiores de graduação ou pós-graduação.
- **Professor pós-doutor:** curso de graduação, pós-graduação *stricto sensu* em nível de doutorado e pós-doutorado o qual, devidamente credenciado, exerce atividades de docência em cursos superiores de graduação ou pós-graduação.
- **Professor substituto:** em caso de necessidade do afastamento de qualquer docente, irá substituí-lo por prazo certo e determinado, nunca superior a seis meses, salvo comprovada necessidade.
- **Professor colaborador:** é o profissional da área de ensino que, após aprovado pela direção e devidamente credenciado, será

contratado em caráter temporário e determinado, por tempo não superior a um ano, renovável uma vez por igual período.
- **Professor visitante:** é o profissional convidado para desenvolver atividades de ensino, pesquisa e extensão, e atividades complementares à grade curricular.

De acordo com *site* do MEC, as pós-graduações *lato sensu* compreendem programas de especialização e incluem os cursos designados como MBA (*Master Business Administration*). Com duração mínima de 360 horas, ao final do curso o aluno obterá certificado e não diploma. Além disso, são abertos a candidatos diplomados em cursos superiores e que atendam às exigências das instituições de ensino, art. 44, III, Lei 9.394/1996.

As pós-graduações *stricto sensu* compreendem programas de mestrado e doutorado abertos a candidatos diplomados em cursos superiores de graduação e que atendam às exigências das instituições de ensino e ao edital de seleção dos alunos, art. 44, III, Lei 9.394/1996. Ao final do curso, o aluno obterá diploma.

Desafios e oportunidades
É necessário suprir o *déficit* de professores-secretários nos cursos de graduação e pós-graduação desde que se tenha oferta de cursos preparatórios no âmbito da docência.

No ensino superior, é exigido do professor domínio na área pedagógica (este é o ponto mais carente), sendo especialista, muitas vezes, o seu curso de formação não teve uma disciplina específica ao ensino prático da docência.

Pimenta (1996) conclui que todo professor deve formar um tripé de saberes da docência: a experiência, o conhecimento e saberes pedagógicos. Na docência para o secretariado, significa que, além da experiência e do conhecimento, é necessário buscar uma habilitação didática.

Ainda não é valorizado como deveria o professor, não sendo reconhecido como importante recurso de transmissão do conhecimento. Conforme um estudo elaborado pela Varkey Foundations no Índice Global de Status de Professores, 2018, voltado à melhoria da educação, o levantamento mostra que apenas um em cada cinco brasileiros recomendaria a carreira de professor a um filho. No *ranking* entre os países que menos valoriza o professor, entre 35 países, o Brasil ocupa o 1° lugar. Nas seguintes posições estão: Israel (2° lugar) e Itália (3° lugar).

Panorama do censo da educação superior
De acordo com o censo da educação superior de 2017, seguem os dados abaixo:

Privadas x públicas: as IES (Instituições de Ensino Superior) privadas seguem em expansão, tendo o número de ingressantes aumentado 7,3%. Do total de 3,2 milhões de novos alunos de 2017, 81,7% ingressaram em instituições privadas. A esfera privada já conta com mais de 6,2 milhões de alunos, o que garante uma participação superior a 75% do sistema de educação superior, ou seja, de cada quatro estudantes de graduação, três frequentam uma instituição privada.

Docentes: o número de docentes em tempo integral aumentou 81%, nos últimos dez anos, na rede pública. A participação de docentes com doutorado, tanto na pública quanto na privada segue crescendo. Em 2017, docentes com mestrado e doutorado já representavam 61%. A maioria dos docentes de cursos presenciais é composta por doutores.

Na última década, a educação a distância vem crescendo sua participação na educação superior. Em 2017, o aumento foi de 17,6% e a EAD já atende mais de 1,7 milhão de alunos, o que representa uma participação de 21,2% dos alunos de graduação no país.

Segundo o artigo *A formação do secretário executivo que atua como professor universitário*, publicado na revista *RCCe* (Revista Capital Científico Eletrônica) em dez/2014, e dados apurados na entrevista: 35% dos docentes concluíram algum curso de pós-graduação *lato sensu*, a mesma porcentagem frequentou programas de mestrado, 23% cursaram programas de mestrado acadêmico e 12% cursaram mestrado profissional, 24% chegaram ao doutorado e 6% não cursaram nenhum programa de pós-graduação.

No *site Guia de carreira*, embora o professor não esteja entre as profissões mais bem remuneradas, o docente está entre as carreiras com maior taxa de empregabilidade do país. Não existe um piso salarial único para todos os professores universitários no Brasil. Os valores dependem da qualificação, experiência, trabalhos acadêmicos publicados e instituição de ensino.

Conclusão

O número de egressos nos cursos de secretariado executivo também se deve à ausência do perfil docente-secretário nas universidades.

A questão salarial, o que é oferecido nas empresas, supera a remuneração praticada nas universidades. A ausência de um plano estruturado, regido com regras que beneficiem e motivem os docentes em todas as esferas de ensino, impacta diretamente na formação de novos docentes.

Portanto, para sanar essa carência do docente-secretário, é necessária a ampliação de cursos especializados para esses profissionais, com uma vasta experiência no cenário atual, trazendo essa vivência ao âmbito acadêmico.

Referências

ABMES. *A educação superior em 2018*. Disponível em: <http://www.abmes.org.br/documentos/detalhe/687/a-educacao-superior-em-2018-comentarios-de-gustavo-fagundes>. Acesso em: 01 de mar. de 2019.

BARROS, Conceição de Maria Pinheiro, LOPES, Danielle Mascena, SILVA, Joelma Soares da. *A formação do secretário executivo que atua como professor universitário*. UNICENTRO, Disponível em: <https://revistas.unicentro.br/index.php/capitalcientifico/article/viewFile/2627/2406>. Acesso em: 05 de mar. de 2019.

BEZERRA, Eliane Marins Tiburcio, CALVOSA, Marcello Vinicius Doria. *Planejamento de carreira e desenvolvimento profissional: um estudo sobre o plano de carreira de professores vinculados à SEEDUC RJ*. Disponível em: <http://www.anpad.org.br/admin/pdf/2012_EnAPG328.pdf>.

GARCIA, Alexandre. *Docência uma profissão estagnada*. Nova escola. Disponível em:<https://novaescola.org.br/conteudo/2832/docencia-uma-profissao-estagnada>. Acesso em: 11 fev. 2019.

GUIA DA CARREIRA. *Quanto ganha um professor universitário*. Disponível em: <https://www.guiadacarreira.com.br/salarios/quanto-ganha-um-professor-universitario/>. Acesso em: 15 de fev. de 2019.

HAGEMEYER, Regina Cely de Campos. *Dilemas e desafios da função docente na sociedade atual: os sentidos da mudança*. Educar 24_1. Disponível em: <http://www.scielo.br/pdf/er/n24/n24a04.pdf> Acesso em: 10 de fev. de 2019.

INEP. *Baixa ocupação de vagas remanescentes revelada pelo censo da educação*. Disponível em: <http://portal.inep.gov.br/artigo/-/asset_publisher/B4AQV9zFY7Bv/content/baixa-ocupacao-de-vagas-remanescentes-revelada-pelo-censo-da-educacao-superior-inspira-nova-politica-do-mec-para-as-universidades-federais/21206>. Acesso: 15 de fev. de 2019.

INEP. *Dados do censo da educação superior*. Disponível em: <http://portal.inep.

gov.br/artigo/-/asset_publisher/B4AQV9zFY7Bv/content/dados-do-censo-da-educacao-superior-as-universidades-brasileiras-representam-8-da-rede-mas-concentram-53-das-matriculas/21206>. Acesso em: 02 de mar. de 2019.

INEP. *MEC e Inep divulgam dados do Censo da Educação Superior 2016.* <http://portal.inep.gov.br/artigo/-/asset_publisher/B4AQV9zFY7Bv/content/mec-e-inep-divulgam-dados-do-censo-da-educacao-superior-2016/21206>.Acesso em: 10 de fev. de 2019.

MASETTO, Marcos. *Docência na universidade.* 4. ed. Papirus Editora, 2002.

MEC. *Qual a diferença entre pós-graduação lato sensu e stricto sensu?* MEC. Disponível em: <http://portal.mec.gov.br/component/content/article?id=13072:qual-a-diferenca-entre-pos-graduacao-lato-sensu-e-stricto-sensu.>. Acesso em: 05 mar de 2019.

MENEZES, Ebenezer Takuno de; SANTOS, Thais Helena dos. Escavador, Verbete plano de carreira. *Dicionário interativo da educação brasileira.* Educabrasil. São Paulo: Midiamix, 2001. Disponível em: <http://www.educabrasil.com.br/plano-de-carreira/>. Acesso em: 24 de fev. de 2019.

PIMENTA, Selma Garrido. *Formação de professores: identidade e saberes da docência. Saberes pedagógicos e atividade docente.* São Paulo: Cortez Editora, 1999.

PECHI, Daniele. *Os desafios da carreira de docente.* Nova Escola. Disponível em: <http://novaescola.org.br/conteudo/2826/os-desafios-da-carreira-docente>. Acesso em: 08 de fev. de 2019.

SANTIAGO, C.; SILVA, Willyane F. *Secretários-docentes: sujeitos fundamentais à consolidação da docência secretarial.* Revista Secretariado, Passo Fundo, n. 13, 2017.

SENADO. *Cases, ingresso e progressão na carreira acadêmica para professores no Brasil. Em discussão.* Disponível em: <https://www.senado.gov.br/noticias/Jornal/emdiscussao/inovacao/universidade-doutores-empresas-pesquisa-na-industria-do-brasil/classes-ingresso-e-progressao-na-carreira-academica-para-professores-no-brasil.aspx>. Acesso em: 10 de fev. de 2019.

TÔRRES, Lara. *O que é preciso para ser professor universitário.* Leia já. Disponível em: <http://m.leiaja.com/carreiras/2017/07/05/veja-o-que-e-preciso-para-ser-professor-universitario/> Acesso em: 10 de fev. de 2019.

17

Sala de aula / aula prática

Aplicar a teoria na sala de aula de forma prática é um grande desafio não só para os docentes assim como para os alunos que precisam de mais professores que conheçam a realidade secretarial. Não basta apenas conhecer as ferramentas, é necessário saber utilizá-las para proporcionar aos alunos experiências significativas e relevantes para se tornarem secretários seguros e competentes

Kellen Torres

Kellen Torres

Mestranda em recursos humanos e gestão do conhecimento. Especialista em secretariado e assessoria executiva. Graduada em secretariado executivo. Fundadora da empresa Torres Secretariado Remoto e Treinamentos. É membro do Comitê de Secretariado Executivo do Distrito Federal, projeto premiado pelo voto popular como profissional de secretariado do ano – edição 2018. Professora, palestrante e consultora na área secretarial. Possui experiência desde 2004 secretariando gestores e equipes na área pública.

Contato
www.torressecretariado.com.br

Uma das maiores dificuldades dos professores atualmente é trazer significado da teoria para a vida dos alunos no seu dia a dia. Na área do secretariado não seria muito diferente. O professor recebe um conteúdo programático que deverá ser cumprido no decorrer do semestre ou ano letivo e prender a atenção dos alunos, fazendo que entendam como aplicar não é tarefa fácil. Mas, é importante deixar claro que é difícil não por conta dos alunos, mas, sim, devido à educação que os professores receberam e insistem em reproduzir para os discentes.

Na época atual, a informação chega a todo instante numa quantidade e velocidade impressionantes. O desafio é não tentar concorrer com as ferramentas que fornecem as informações e, sim, utilizá-las a favor da aprendizagem, fazendo disso uma oportunidade para a construção do conhecimento.

Para que a profissão do secretário continue tendo seu espaço no mercado de trabalho, se faz necessário um papel mais ativo do docente de secretariado, proporcionando uma aprendizagem criativa e desenvolvendo suas inteligências múltiplas por meio de atividades práticas.

O processo de aprendizagem tem que ser prazeroso e desafiador. Cabe ao docente oferecer as ferramentas e trazer cenários que possam desenvolver a aprendizagem de forma significativa aos futuros secretários.

O secretariado na docência

O curso de secretariado executivo foi criado em 1969, na Universidade Federal da Bahia (ALMEIDA, 2013) e, desde então, a estrutura do curso e a forma como são conduzidas as aulas vêm mudando gradativamente, mas ainda de forma lenta.

A grade curricular do curso de secretariado executivo comporta matérias riquíssimas ao dia a dia do secretário, como noções de contabilidade, de direito, de estatística, de administração idiomas estrangeiros, empreendedorismo, entre outras, mas, muitas vezes, não é esclarecido como essas matérias serão importantes na rotina de um profissional de secretariado.

Ângela Mota e Valdete Magalhães retratam bem como as grades curriculares dos cursos de graduação, tecnologia e técnico na área de secretariado estão bem estruturadas e acrescentam:

> Percebe-se que o currículo é disposto de forma a ser trabalhado e desenvolvido com o propósito de que o estudante possa vir a superar os desafios oferecidos pelos novos rumos que a profissão toma, acompanhando a evolução dos tempos e das tecnologias. (Mota & Magalhães, 2013, p. 19)

É fundamental um corpo docente preparado pedagogicamente como, também, possuir experiência profissional na área secretarial, pois facilitará levar exemplos práticos dentro da rotina de um secretário executivo. Ficará mais claro entender onde e como ele poderá aplicar o conteúdo programático como secretário.

A falta de prática ou associação da teoria com a prática poderá comprometer o futuro do aluno, pois não atenderá as exigências do mercado de trabalho cada vez mais competitivo e de rápida evolução.

A consequência é que muitos secretários recém-formados se encontram inaptos ou por falta de conscientização da importância de se prepararem de acordo com o que o mercado exige ou porque os docentes não estavam habilitados para despertar uma consciência crítica do papel dos secretários nas organizações. Muitos desses profissionais acabam buscando cursos livres de curta duração como forma de preencher essa lacuna.

Ainda é tímido o aumento de secretários atuando na docência, pois, de acordo com Françoso, "isso se deve ao fato do curso de secretariado executivo, como o próprio nome diz, não ter como objetivo formar profissionais para a docência" (Françoso, 2011, p.2). É importante a atuação de secretários na sala de aula, pois, assim, será mais fácil levar a prática para dentro da sala de aula.

A docência no secretariado
Levar a prática para dentro da sala de aula exige do professor dedicação e estudo, pois deverá estar associada ao conteúdo programático, assim como adequada à realidade do aluno, além de estarem definidos os objetivos de forma clara, mostrando onde se deseja chegar com o desenvolvimento de uma atividade.

Além do papel do professor como peça-chave nessa jornada, é preciso exigir mais dos alunos sem desestimulá-los. É recorrente vermos professores desacreditados com os alunos e com a profissão que simplificam o processo de aprendizagem, tornando apenas uma reprodução superficial da prática. É preciso estimular nos alunos um *mindset* de crescimento, desenvolver o gosto pelo aprendizado e pela profissão, aumentar o nível do desafio para que concluam o curso com mais chances de prosperar dentro da carreira ou até mesmo reinventá-la conforme o mercado. Dweck esclarece que "no *mindset* de crescimento, as pessoas não apenas buscam o desafio, mas prosperam com ele. Quanto maior o desafio, mais elas se desenvolvem". (Carol S. Dweck, 2017).

Existe um conteúdo programático a ser seguido e cumprido dentro de um curto período de tempo, mas é necessário mudar a forma de ensinar e aprender. Na verdade, o conhecimento deve ser construído estimulando a criatividade. A profissão do secretário está em constante evolução, portanto se não forem apresentados novos elementos para auxiliar na construção do conhecimento, de nada valerá saber da teoria.

A teoria deve ser considerada apenas como um norteador ao desenvolvimento do aprendizado e não como o resultado esperado.

A teoria na prática
O professor pode utilizar diversas ferramentas ou recursos didáticos, mas o que fará a diferença será como o docente os utilizará.

> Além de elaborar, planejar, conhecer o conteúdo a ser trabalhado, o professor precisa também escolher e definir quais materiais ou recursos didáticos serão utilizados, levando em consideração critérios que permitam verificar o que se deseja obter, ou seja, como esses materiais poderão contribuir para que ocorra uma aprendizagem significativa.(Justino, 2013, p.83).

Seguem algumas sugestões de atividades que podem ser utilizadas. Elas devem ser exploradas por meio de debates, relatórios, exposições, mídias sociais ou qualquer outro meio que externe a experiência:

a) **Visitas guiadas em organizações públicas e privadas:** realizadas nos primeiros semestres, será um momento excelente para estimular o amor pela profissão, pois permitirá conhecer um pouco como é o trabalho do secretário *in loco*. É importante proporcionar ambientes diferentes para que o aluno entenda

que o secretário tem muitas possibilidades de atuação, assim como estruturas, perfis e tamanhos.
b) **Visitas de profissionais na IES:** é comum acontecerem, por meio de palestras, normalmente em semanas acadêmicas. Mas, a proposta é realizar uma conversa descontraída com um número pequeno de alunos, para que se sintam mais à vontade para interagir e tirar suas dúvidas. Uma sugestão é fugir do formato escolar ou do uso de palco, optando por fazer círculos ou outra forma que permita mais envolvimento do convidado e dos alunos.
c) **Desenvolvimento de projetos:** oportunidade excelente para estimular o lado empreendedor, a criatividade, o gerenciamento de atividades entre muitas outras competências. É importante destacar que o secretário com habilidade para desenvolver projetos conseguirá demonstrar com mais facilidade o seu papel dentro das instituições, pois terá despertado uma visão crítica aliada a soluções.
d) **Simulações do dia a dia:** solicitar aos alunos que simulem situações do dia a dia é uma poderosa ferramenta para que comecem a se ver como profissionais de secretariado. Que tal uma peça, reprodução de uma atividade em um escritório modelo, uma feira de exposição ou até mesmo um vídeo ou, quadrinhos. O que vale aqui é colocar em prática o desconhecido pelos alunos, para que sintam mais à vontade no futuro.
e) **Portifólio:** o docente deve incentivar a construção de um portifólio durante o curso, pois percebe-se que uma das dificuldades de qualquer profissional é mostrar que possui experiência na área. Se a cada atividade realizada dentro e fora da instituição de ensino receber o devido destaque merecido, será mais fácil alimentar a autoconfiança dos alunos e perceber que a construção de uma carreira começa antes de concluir o curso.
f) **Estimular o uso de tecnologias:** essencial, seja para os mais íntimos com essas ferramentas ou àqueles que têm receio em manuseá-las. O mais importante aqui é incentivar os que não têm familiaridade com as ferramentas tecnológicas para que se permitam a se arriscar mais e a não ter medo de errar. Já aos mais novos, que abusem da criatividade.

Pode-se sugerir várias atividades e recursos didáticos. Mas, o que vale é a criatividade e o envolvimento dos alunos, na construção conjunta das atividades, utilizando a teoria como um norte. Assim, haverá profissionais mais apaixonados, capacitados e confiantes para fazer acontecer no secretariado.

Referências
ALMEIDA, Walkiria. *A importância da formação específica*. In: AMORIM, Magali; D'ELIA, Bete & SITA, Mauricio (Orgs). *Excelência no secretariado: a importância da profissão nos processos decisórios*. São Paulo: Literare Books International, 2013.
BOTH, Ivo José. *Avaliação planejada, aprendizagem consentida: é ensinando que se avalia, é avaliando que se ensina*. Curitiba: Intersaberes, 2012.
BRITO, Gláucia da Silva e PURIFICAÇÃO, Inovélia da. *Educação e nova tecnologias: um (re) pensar*. Curitiba: Intersaberes, 2011.
FRANÇOSO, A. C.; JONAS, R. A. P. *O profissional docente formado em secretariado executivo: a importância de sua atuação na graduação*. Anais 2º ENASEC, Passo Fundo: UFP, 2011.
GIORNI, Solange. *Secretariado, uma profissão*. Belo Horizontes: Quantum Projetos, 2017.
JUSTINO, Marinice Natal. *Pesquisa e recursos didáticos na formação e prática docentes*. Curitiba: Intersaberes, 2013.
MAGALHÃES, Valdete & MOTA, Ângela. *O "invejável currículo" dos projetos pedagógicos*. In: AMORIM, Magali; D'ELIA, Bete & SITA, Mauricio (Orgs). *Excelência no Secretariado: A importância da profissão nos processos decisórios*. São Paulo: Literare Books International, 2013.

18

Histórico da profissão de secretariado

A profissão de secretariado passou por muitas fases e mudanças significativas ao longo do tempo. Este capítulo mostra um pouco da trajetória do profissional de secretariado desde o antigo Egito com os escribas até os dias de hoje quando este profissional tem um papel marcante na estrutura organizacional de grandes empresas

Graziela Prado

Graziela Prado

Bacharel em secretariado executivo trilíngue e pós-graduanda (MBA Executivo) em liderança e gestão organizacional pela Franklin Covey do Brasil. Atua desde 2011 como secretária executiva trilíngue em empresas multinacionais, desempenhando funções de assessoria ao Comitê Executivo no Brasil e de gerenciamento em Projetos de melhorias nas áreas administrativas e de *facilities*. Atuou como professora de idioma inglês por 17 anos em conceituadas escolas, além de executivos e secretárias executivas em São Paulo. Complementarmente à sua formação, participou de relevantes programas, dentre os quais destaca: gestão operacional de *facilities* – Academia de Facilities, Curso preparatório para docência na área do secretariado – Phorum Group, Accent and Reduction Idioms and American Culture – Language Institute of Miami (Dade Community College of Florida) – USA e Teaching English as a Foreign Language – St. Giles International.

Contato
grazielacprado@gmail.com

A história do secretariado desde os primórdios até os dias atuais: o surgimento e evolução da profissão

Não há registros precisos do início dessa profissão, porém há indícios de seu surgimento entre 5000 a 3000 a.C. em civilizações antigas como a egípcia, babilônica e outras, que precisaram criar uma forma de escrita para fazer o controle social e o registro das atividades realizadas. Nesse período, essas civilizações tinham os escribas, homens responsáveis pela documentação e arquivamento de todos os acontecimentos e também das decisões e ações dos membros da nobreza que realizavam os serviços administrativos, funções semelhantes às de um secretário.

Nonato Junior (2009, p.80) relaciona o secretariado à assessoria de forma a vincular a origem dos assessores

> ao início das produções do conhecimento humano, pois para organizar, selecionar, assistir e encaminhar fontes de saber, é necessário estar assessorado por outras pessoas. Essa assessoria não tem data precisa de fundação, pode-se dizer que surgiu da necessidade de produzir conhecimentos complexos.

Com isso, podemos dizer que o secretariado, de acordo com Nonato Junior (2009, p.81), "é uma das ações intelectuais mais antigas da história".

A palavra secretario vem do latim (*secretum / secreta / secretarium*) e possui em seu significado ligação com segredo, secreto e conselho privado.

No império romano, os escribas eram taquígrafos e exerciam funções de copistas, contadores e fiscais quando passaram a ter um papel expressivo na administração pública.

A profissão de secretário foi exclusivamente masculina por muitos séculos. Havendo uma ou outra exceção, em uma delas o caso de uma mulher cujo nome não se sabe, que foi instituída por Napoleão Bonaparte para registrar seus feitos, entretanto nem chegou a acompanhá-lo em nenhuma de suas viagens e pouco tempo depois foi destituída da função, por ciúmes, pela esposa de Napoleão. Assumiu seu posto François Champollion e foi tido como um dos "maiores secretários de todos os tempos". (Nonato Junior, 2009 p.85).

Houve muitas mudanças e o papel do secretário ganhou espaço devido às funções de assessoria nas novas estruturas empresariais, por volta de 1760, durante a revolução industrial. Em 1867, foi criada a máquina de escrever que logo se tornaria o símbolo da profissão, porém ainda com a imagem totalmente masculina.

O início da feminização do secretariado, na Europa e Estados Unidos, com remuneração inferior a dos homens, se deu após a primeira e segunda guerras mundiais, devido à escassez de mão de obra masculina consequente da demanda dos homens nos campos de batalha e da capacidade de administrar e organizar os lares que as mulheres desempenhavam muito bem. Daí surgiu a imagem da profissional feminina que exercia as funções domésticas para atendimento pessoal a um executivo, segundo Sabino e Marchelli (2009, p. 615).

No Brasil, a partir da década de 1950, com a industrialização e a chegada das multinacionais, a profissão de secretariado surge feminilizada e cresce rapidamente devido à cultura estrangeira que já empregava mulheres com baixa remuneração e à necessidade de contratação de profissionais de escritório.

Até o final dos anos 60, as funções do profissional de secretariado eram tarefas mecânicas e rotineiras para as quais não eram necessárias muitas habilidades e competências. Eram restritas à datilografia, arquivamento, atendimento telefônico, anotações de recados e também a servir café aos executivos e suas visitas. Já na década de 1970, com as mudanças organizacionais, a profissional passa a ter novas funções, responsabilidades e um pouco de autonomia em sua rotina. Começa a ter importante papel na gestão de tempo de seu executivo, tendo o domínio da redação, por vezes, também em outro idioma, a participar de reuniões, sendo responsável por redigir as atas e supervisionar o trabalho de equipes de serviços administrativos. Cada gestor passa a ter a sua secretária, mostrando o seu *status* e usando a imagem dessa profissional como um benefício de sua posição dentro de uma organização. Assim, iniciam as lutas pela formalização da profissão.

Nessa década se dá início a organização de movimentos de classe e o primeiro foi o Clube das Secretárias no Rio de Janeiro, que se transformou na Associação de Secretárias do Rio de Janeiro e buscava melhorias, conscientização e agrupamento da classe secretarial.

Com o sucesso desta, quase todos os outros estados criaram as suas próprias associações, gerando a necessidade de um órgão nacional para coordenar todo o grupo. Foi então que, em 7 de setembro de 1976, surgiu a ABES – Associação Brasileira de Entidades Secretariais cujos estados representados eram Bahia, Ceará, Espirito Santo, Maranhão, Pará, Paraná, Rio de Janeiro e Sergipe.

Em 1978, foram criadas as Leis 1.421/77, que em comemoração ao aniversário de Lillian Scholles, primeira mulher a datilografar em público e filha do criador da máquina de escrever, símbolo da profissão, foi instituído o dia 30 de setembro como o Dia Nacional da Secretária. E a Lei 6.556/78 que, em seu artigo 3º, define como atribuições do secretário:

> a) executar tarefas relativas à anotação e redação, inclusive em idiomas estrangeiros;
> b) datilografar e organizar documentos;
> c) outros serviços de escritório, tais como: recepção, registro de compromissos e informações, principalmente junto a cargos diretivos da organização.
>
> Parágrafo único – O secretário procederá segundo normas específicas rotineiras, ou de acordo com seu próprio critério, visando a assegurar e agilizar o fluxo dos trabalhos administrativos da empresa.

A criação dessas leis dependia ainda de uma regulamentação, mas foi o início do reconhecimento do secretariado como profissão. Ainda nessa década, foi reconhecido o primeiro curso superior de secretariado no Brasil pela Universidade Federal de Pernambuco.

A década de 1980 foi marcada por grandes mudanças para o secretariado. Os profissionais da área continuavam com suas tarefas rotineiras, porém agora precisavam apresentar conhecimento e competências. Sua imagem jovial e bela não mais bastava para atender as necessidades das organizações que, com as transformações culturais e tecnológicas, começaram a exigir mais qualificações. Os chefes e suas secretárias passaram a trabalhar em conjunto.

Em 30 de setembro de 1985, foi criada mais uma lei, a 7.377/85, que regulamenta a profissão e define novas atribuições aos profissionais de secretariado, mostradas nos artigos 4º e 5º:

Art. 4º. São atribuições do Secretário Executivo:
I - planejamento, organização e direção de serviços de secretaria;
II - assistência e assessoramento direto a executivos;
III - coleta de informações para a consecução de objetivos e metas de empresas;
IV - redação de textos profissionais especializados, inclusive em idioma estrangeiro;
V - interpretação e sintetização de textos e documentos;
VI - taquigrafia de ditados, discursos, conferências, palestras de explanações, inclusive em idioma estrangeiro;
VII - versão e tradução em idioma estrangeiro, para atender às necessidades de comunicação da empresa;
VIII - registro e distribuição de expedientes e outras tarefas correlatas;
IX - orientação da avaliação e seleção da correspondência para fins de encaminhamento à chefia;
X - conhecimentos protocolares.

Art. 5º São atribuições do Técnico em Secretariado;
I - organização e manutenção dos arquivos de secretaria;
II - classificação, registro e distribuição da correspondência;
III - redação e datilografia de correspondência ou documentos de rotina, inclusive em idioma estrangeiro;
IV - execução de serviços típicos de escritório, tais como recepção, registro de compromissos, informações e atendimento telefônico.

    O código de ética adotado até os dias atuais foi publicado no Diário Oficial de 7 de julho de 1989 e, nessa década, também foram criados vários sindicatos pelo país que mostraram a força da classe secretarial e fizeram com que as associações e até a ABES desaparecessem. Os sindicatos tinham a nomenclatura feminina registrada erroneamente pelo fato de a profissão ser quase que exclusivamente exercida por mulheres, o que não excluía os profissionais do sexo masculino.
    A FENASSEC foi criada em 31 de agosto de 1988, para representar nacionalmente a classe e lutar por melhores condições de trabalho. É, sem dúvida, responsável por muitas conquistas aos profissionais de secretariado.

Na década de 1990, nascia um novo perfil profissional de secretariado. O cafezinho fica a cargo das copeiras e as técnicas secretariais passam a ser apenas uma das funções desses profissionais que, agora, não mais trabalham para um único gestor e, sim, para a empresa como gestores, empreendedores e consultores.

Em janeiro de 1996, foi criada a Lei 9.261/96 para complementar a de 1985, tornando obrigatório o registro profissional de secretariado junto à antiga DRT – Delegacia Regional do Trabalho hoje, SRTE – Superintendência Regional do Trabalho.

A partir do ano 2000, as mudanças econômicas e culturais do país trouxeram muitas novidades para a classe secretarial. Os homens começaram a cursar secretariado e o mercado começou a ser menos seletivo quanto a sexo, raça ou origem social, porém passou a ser muito mais exigente quanto às habilidades e competências desse profissional. A tecnologia colocou em questão a necessidade de haver um profissional de secretariado e este teve que evoluir e buscar o seu espaço no universo corporativo. Os profissionais de secretariado precisam ser bem preparados emocionalmente para lidar com as pressões do dia a dia, devem desenvolver competências interpessoais e empatia para poder ter um bom relacionamento com seus executivos, pares e clientes. Tiveram que desenvolver uma atitude empreendedora e conhecimentos de gestão de negócios e liderança para atuar juntamente com seu gestor e participar dos processos decisórios da organização. A etiqueta profissional e o sigilo continuam sendo muito importantes para o profissional, uma vez que ele atua diretamente com informações e dados confidenciais das corporações.

Considerações finais

Mesmo com toda a evolução que a profissão de secretariado teve ao longo do tempo, ainda temos muitas conquistas pela frente. Devido a isso, a formação acadêmica e cursos de especialização são hoje cruciais tanto para a formação quanto para a empregabilidade do profissional de secretariado. O idioma inglês é mandatório ao perfil do secretário executivo, tendo como outros idiomas o diferencial. Contudo, os cursos universitários ainda estão carentes de docentes com experiência na profissão e, por isso, a necessidade de cursos extras, participações em congressos e eventos voltados à área, para manter atualizadas as mudanças e necessidades do mercado. Atualmente, existe um movimento em prol da melhoria na área da docência nos cursos de secretariado, unindo as diretrizes curriculares com a experiência de profissionais da área. Isso nos ajudará a conquistar nossos novos desafios e continuar a nossa história.

Referências

CÂMARA LEGISLATIVA. Disponível em: <http://www2.camara.leg.br/legin/fed/lei/1980-1987/lei-7377-30-setembro-1985-356167-publicacaooriginal-1-pl.html>. Acesso em: 18 de nov. de 2018.

D'ELIA, Bete, M. A. *Excelência no secretariado*. São Paulo: Literare Books International, 2013.

HILSDORF, C. *Excelência nas relações com a chefia*. Excelência, 14, 2011.

NATALENSE, L. *A secretária do futuro*. Rio de Janeiro: Qualitymark, 1998.

NONATO JUNIOR, R, *Epistemologia do conhecimento em secretariado executivo*. Fortaleza: Gráfica Expressão, 2009.

ORTEGA, C. *Material de apoio de técnicas secretariais I. Apostila*. São Paulo, SP, 2011.

PORTAL EDUCAÇÃO. *Secretariado: origem e evolução*. Disponível em: <https://www.portaleducacao.com.br/conteudo/artigos/educacao/secretariado-origem-eevolucao/20935>. Acesso em: 14 de ago. de 2018.

PORTAL METODISTA. *História e origem da profissão de secretária*. Disponível em: <http://portal.metodista.br/secretariado/sobre/história-e-origem-da-profissao-de-secretaria >. Acesso em: 14 de ago. de 2018.

RAGAZZI, M, *A resiliência como competência profissional: o profissional de secretariado executivo sob a ótica da resiliência*. Excelência, 14. 2011.

RIBEIRO, N. d, *Secretariado: do escriba ao gestor*. 2. ed., São Luís. Gráfica Socingr, 2005.

SINSESP. *A origem da profissão de secretária(o)*. Disponível em: <https://sinsesp.com.br/a-origem-da-profissao-de-secretaria-o >. Acesso em: 16 de ago. de 2018.

SOARES, F. *O profissional de secretariado executivo como gestor estratégico*. Excelência, 14 e 15, 2011.

19

A escola e o mundo do trabalho

As constantes transformações no mundo do trabalho exigem que as escolas adaptem os currículos escolares às necessidades do mercado. Nesse contexto, as instituições de ensino que oferecem o curso superior de Secretariado Executivo vêm evoluindo suas grades visando atender essa demanda. Essa conexão entre academia e mercado podem assegurar o futuro da profissão, sobretudo na amplitude de atuação que os profissionais de secretariado podem exercer suas atribuições

Sara Moyses

Sara Moyses

Formada em secretariado executivo pela Fatec São Caetano do Sul. Pós-graduada em finanças corporativas pela Saint Paul – Business School. Conselheira e Integrante do Núcleo de Organização de Eventos de Secretariado Executivo do Pepitas Secretaries Club. Secretária executiva com sólida experiência em assessoria a executivos *C-level* nos segmentos educacional, associações e federações, varejo e energia.

Contato
LinkedIn: Sara Moyses

A escola e a aplicabilidade das diretrizes curriculares nacionais para os cursos superiores de secretariado executivo no Brasil

As diretrizes curriculares para o curso de graduação em Secretariado Executivo no Brasil destacam aspectos importantes, nas quais as instituições de ensino devem observar para propor suas grades curriculares. Nesse contexto, deve ser considerado o perfil do formando, suas competências e habilidades, bem como outras atividades inerentes à formação acadêmica. A proposta do MEC (Ministério da Educação) é que o estudante desenvolva, ao longo do curso, aptidões técnicas e comportamentais que o possibilitem exercer suas funções nas organizações.

O art. 4º das diretrizes curriculares para o curso de graduação em secretariado executivo elenca as seguintes competências e habilidades:

I. Capacidade de articulação de acordo com os níveis de competências fixadas pelas organizações;
II. Visão generalista da organização e das peculiares relações hierárquicas e intersetoriais;
III. Exercício de funções gerenciais, com sólido domínio sobre planejamento, organização, controle e direção;
IV. Utilização do raciocínio lógico, crítico e analítico, operando com valores e estabelecendo relações formais e causais entre fenômenos e situações organizacionais;
V. Habilidade de lidar com modelos inovadores de gestão;
VI. Domínio dos recursos de expressão e de comunicação compatíveis com o exercício profissional, inclusive nos processos de negociação e nas comunicações interpessoais ou intergrupais;
VII. Receptividade e liderança para o trabalho em equipe, na busca da sinergia;
VIII. Adoção de meios alternativos relacionados com a melhoria da qualidade e da produtividade dos serviços, identificando necessidades e equacionando soluções.
IX. Gerenciamento de informações, assegurando uniformidade e referencial para diferentes usuários;
X. Gestão e assessoria administrativa com base em objetivos e metas departamentais e empresariais;

XI. Capacidade de maximização e otimização dos recursos tecnológicos;
XII. Eficaz utilização de técnicas secretariais, com renovadas tecnologias, imprimindo segurança, credibilidade e fidelidade no fluxo de informações; e
XIII. Iniciativa, criatividade, determinação, vontade de aprender, abertura às mudanças, consciência das implicações e responsabilidades éticas do seu exercício profissional. (BRASIL, MEC, p.2).

As instituições de ensino devem seguir os requisitos mínimos propostos pelo Ministério da Educação, contudo, se adaptam às exigências do mercado, sobretudo considerando a necessidade local.

A Universidade Federal da Bahia, pioneira na criação do curso superior em Secretariado Executivo, apresenta uma grade curricular robusta, visando atender à necessidade da região, onde está situado um grande polo industrial. O curso está alocado na escola de administração da universidade, e as disciplinas são focadas no desenvolvimento do profissional com visão generalista, capaz de atuar junto a alta direção de uma organização.

Grade curricular curso Secretariado Executivo – UFBA		
1º semestre	2º semestre	3º semestre
Introdução à administração.	Técnicas Secretariais II.	Redação Empresarial.
Técnicas Secretariais I.	Lógica I.	Língua Espanhola em nível avançado.
Introdução à Filosofia.	Documentação II.	Língua Inglesa em nível avançado.
Competência Informacional.	Língua Espanhola em nível intermediário.	Língua Portuguesa II.
Língua Espanhola em nível básico.	Língua Inglesa em nível intermediário.	Elementos de Matemática.
Língua Inglesa em nível básico.	Língua Portuguesa II.	
Língua Portuguesa I.		
4º semestre	5º semestre	6º semestre
Panorama Sócio Político.	Comunicação.	Administração Mercadológica I.
Informática I.	Gestão Empresarial I.	Gestão de Organizações.
Gestão Econômica.	Planejamento Empresarial.	Gestão Secretarial II.

Redação Empresarial em Língua Inglesa.	Informática II.	Metodologia da Pesquisa.
Redação Empresarial em Língua Espanhola.	Psicologia das Relações Humanas.	Informática III – Automação de Escritórios.
Estatística I.	Arquivística.	
7º semestre	8º semestre	
Comércio Exterior.	Gestão Contábil para Secretários.	
Trabalho de Conclusão de Curso (TCC).	Estágio Supervisionado.	
Empreendedorismo.	Optativa 051*.	
Sistemas de Informações Gerenciais I.		
Instituição de Direito Público e Privado.		
Optativa 051*.		
Optativa 058*.		

Fonte: http://www.adm.ufba.br/pt-br/curso/graduacao-secretariado.
*consulte na página as disciplinas optativas.

Já o curso de secretariado executivo da Universidade Federal de Santa Catarina possui uma grade mais aderente ao contexto regional. Ele foi anexado ao departamento de línguas e literatura estrangeira, enfatizando a importância da fluência em um segundo idioma. Contudo, sua organização curricular contempla disciplinas que permitem ao aluno desenvolver habilidades de gestão, concomitantemente à prática idiomática estrangeira.

Por outro lado, os cursos superiores tecnológicos trouxeram alguns debates em relação à qualidade e abordagem educacional, tendo em vista que sua carga horária é reduzida em relação ao curso de bacharel. Segundo dados do censo para a educação superior, entre o período de 2007 e 2017, os cursos tecnológicos registraram um crescimento de 119,4%.

Para adequação de um mercado exigente, instituições como o Centro Paula Souza complementaram o perfil indicado pelo MEC, e passaram a oferecer um curso de qualidade, além dos padrões exigidos, conforme citado pelas professoras Magalhães & Mota no artigo "O invejável currículo dos projetos pedagógicos", do Livro *Excelência no secretariado* (2013). O projeto pedagógico propôs uma carga horária de 2.800 horas, distribuídas em disciplinas básicas e profissionais, desenvolvendo alunos aptos ao mundo do trabalho, superando as expectativas.

Grade Curricular Curso Tecnologia em Secretariado - Fatec Carapicuíba		
1º semestre	2º semestre	3º semestre
Tecnologia em secretariado I (Eventos).	Tecnologia em secretariado II (Profissão e práticas).	Tecnologia em secretariado III (Arquivologia.
Informática I (Conceitos e recursos de automação).	Informática II (Planilhas).	Informática III (*Internet*).
Administração geral.	Fundamentos de gestão de pessoas.	*Marketing.*
Matemática.	Estatística.	Matemática financeira aplicada.
Espanhol I e II.	Espanhol III e IV.	Noções de direito.
Inglês I e II.	Inglês III e IV.	Espanhol V.
Língua portuguesa I (Linguagem e comunicação).	Língua portuguesa II (Comunicação empresarial).	Inglês V e VI.
		Língua portuguesa III (Comunicação empresarial).
4º semestre	5º semestre	6º semestre
Tecnologia em secretariado IV (Postura, etiqueta e relações interpessoais).	Projeto integrador em secretariado I.	Projeto integrador em secretariado II 4 80.
Informática IV (Projeto e Banco de Dados).	Processos gerenciais.	Gestão da qualidade.
Contabilidade.	Gestão financeira.	Economia e desenvolvimento sustentável.
Métodos para a produção do conhecimento.	Projeto do trabalho de graduação.	Elementos de cultura dos povos.
Atividades acadêmico-científico-culturais I.	Atividades acadêmico-científico-culturais II.	Ética profissional e empresarial.
Geopolítica.	Espanhol VII.	Atividades acadêmico-científico-culturais III.
Espanhol VI.	Inglês IX e X.	Espanhol VIII.
Inglês VII e VIII.	Língua portuguesa V (Estilos de redação).	Inglês XI.
Língua portuguesa IV (Comunicação acadêmica).		

Fonte: http://www.fateccarapicuiba.edu.br/secretariado.

Podemos analisar que a proposta sugerida pelo MEC está coerente com a organização dos currículos das faculdades. Mas, vale ressaltar que necessidade do mercado poderá prevalecer. Segundo dados do INEP (Instituto Nacional de Estudos e Pesquisas Educacionais Anísio Teixeira), em 2017 foram constatadas 80 universidades que oferecem o curso de secretariado no Brasil, delas 52 são privadas e 28 públicas. No entanto, a procura para a formação em secretariado não é significativa e ainda vem diminuindo em algumas regiões. Nesse contexto, podemos perceber a influência do mercado sobre a demanda, tendo em vista que, no cenário atual, as empresas não exigem formação específica em secretariado para atuação na área secretarial.

As escolas têm contribuído para a formação e desenvolvimento do profissional de secretariado desde a sua regulamentação, na década de 1980. O Ministério do Trabalho, por sua vez, introduziu na Classificação Brasileira de Ocupações (CBO) um código específico para esses profissionais, a CBO 2523 traz a descrição sumária das atribuições do profissional de secretariado de nível superior, a saber.

Assessoram os executivos no desempenho de suas funções, atendendo pessoas (cliente externo e interno), gerenciando informações, elaboram documentos, controlam correspondências física e eletrônica, prestam serviços em idioma estrangeiro, organizam eventos e viagens, supervisionam equipes de trabalho, geram suprimentos, arquivos documentos físicos e eletrônicos auxiliando na execução de tarefas administrativas e reuniões.

Embora saibamos que muitos profissionais, atuantes na área, não tenham formação específica, a escola teve um papel importante ao contribuir para a elaboração de um curso específico, oficialização da profissão e concessão de registro profissional para aqueles que são formados em secretariado, demonstrando o seu diferencial competitivo para o mercado.

O mundo do trabalho: as vertentes para o profissional de secretariado

As constantes mudanças no mercado de trabalho exigem que os profissionais estejam sempre em processo de transformação para se adequar às necessidades das organizações. O perfil do secretariado executivo, apresentado por meio da organização curricular para o mercado é de um profissional apto a atuar no campo estratégico das organizações, entretanto, outras perspectivas estão sendo propostas, considerando as novas tendências de mercado e, também, do estilo da força de trabalho.

Para atuar como profissional estratégico dentro das organizações, as habilidades comportamentais têm que ser aprimoradas constantemente. A atuação como conector estratégico de pessoas e informações são essenciais para que haja uma comunicação efetiva e os resultados do seu trabalho possam ganhar visibilidade. Desde o gerenciamento eficaz da agenda do executivo até pequenos detalhes da organização da sua vida pessoal envolvem estratégias de planejamento que trazem resultados para as empresas. Entretanto, o perfil conciliador, mediador de conflitos, que utiliza uma comunicação empática, deve ganhar destaque para a posição.

Os novos modelos trazem o conceito do trabalho em *pool* e o secretariado remoto, que permitem mais flexibilidade para os profissionais que desejam conciliar melhor o seu tempo com a carreira e vida pessoal ou educacional. Nesse formato, porém o foco do trabalho é mais nas atividades operacionais, pois distancia o profissional do executivo que ele atende e das atividades estratégicas da empresa.

O profissional de secretariado também pode atuar como empreendedor. Por ser um profissional multidisciplinar, ter uma visão generalista dos negócios, está preparado para atuar em diversas frentes.

Segundo Goleman, "uma nova estratégia significa uma reorientação do que hoje é rotina para um foco diferente". Repensar o nosso posicionamento dentro das organizações é uma maneira de criar estratégias para fortalecer a profissão. As perspectivas são amplas para atuação como secretariado executivo, e vai depender do direcionamento que cada profissional quer para sua carreira, seja em um papel estratégico organizacional, operacional ou empreendedor.

Referências
COVEY, Stephen R. *Os 7 hábitos das pessoas altamente eficazes*. 1.ed. Rio de Janeiro: Editora Best Seller, 2014.
D'ELIA Bete; Amorim, Magali; Sita, Mauricio. *Excelência no secretariado. A importância da profissão nos processos decisórios. Como assessorar e atingir resultados corporativos e pessoais com competência e qualidade*. São Paulo: Literare Books, 2013.
DEPARTAMENTO DE LÍNGUAS E LITERATURA ESTRANGEIRAS – UFSC. *Bacharelado em secretariado executivo*. Disponível em: <http://www.lle.cce.ufsc.br/cursos/secretariado/> Acesso em: 11 de fev. de 2019.
ESCOLA DE ADMINISTRAÇÃO UFBA. *Graduação em secretariado*. Disponível em: <http://www.adm.ufba.br/pt-br/curso/graduacao-secretariado> Acesso em: 11 de fev. de 2019.
FATEC – Carapícuíba, *Curso em secretariado*. Disponível em: <http://www.fateccarapicuiba.edu.br/secretariado/> Acesso em: 11 de fev. de 2019.
GOLEMAN, Daniel. *Foco: a atenção e seu papel fundamental para o sucesso*. 1. ed. Rio de Janeiro: Editora Objetiva, 2014.
INEP - INSTITUTO NACIONAL DE ESTUDOS E PESQUISAS EDUCACIONAIS. Disponível em: <http://portal.inep.gov.br> Acesso em: 11 de fev. de 2019.
MINISTÉRIO DO TRABALHO, *CBO - Classificação Brasileira de Ocupações*. Disponível em: <http://www.mtecbo.gov.br> Acesso em: 11 de fev. de 2019.
MINISTÉRIO DA EDUCAÇÃO. Disponível em: <http://portal.mec.gov.br> Acesso em: 11 de fev. de 2019.

20

Formação específica em secretariado e a docência

Este capítulo analisa as principais disciplinas lecionadas nos cursos de secretariado disponíveis em todo o Brasil e mostra a importância do aprendizado desses temas que proporcionam ganho de experiência e, consequentemente, melhora no desempenho profissional. O capítulo aborda, também, como os profissionais de secretariado podem adquirir conhecimento para a prática da docência na área

Márcia Soboslay

Márcia Soboslay

Secretária Executiva há 35 anos. Formação técnica em secretariado, graduação em análise de sistemas e pós-graduada em docência no ensino superior. Trabalho exercido em grandes empresas nacionais e multinacionais como Sharp do Brasil, HP e Grupo Votorantim onde está há mais de 20 anos e atualmente presta assessoria direta e exclusiva a um dos acionistas. Palestrante e docente sobre temas ligados à língua portuguesa como redação empresarial, nova ortografia e comunicação assertiva. Escritora e redatora de artigos diversos, inclusive para revistas especializadas na área secretarial.

Contatos
msoboslay@hotmail.com
Facebook: Márcia Soboslay
Instagram: @masoboslay
(11) 99904-5010

Qual é mesmo a sua formação?

Quem nunca ouviu isso em uma entrevista num processo de seleção para uma vaga de emprego? E quem nunca passou por um constrangimento com a reação de surpresa de um recrutador quando ele comenta: "não sabia que existia curso universitário de secretariado"!
Mesmo sendo desconhecido para alguns recrutadores e até mesmo executivos, há, no Brasil, muitos cursos universitários na área de secretariado executivo. Há diversas faculdades e universidades públicas e privadas que oferecem essa formação por todo o país. Os cursos são oferecidos em grau bacharelado ou tecnólogo. Todos reconhecidos pelo MEC – Ministério da Educação e Cultura.

Os cursos de secretariado são oferecidos com nomes distintos, conforme opção escolhida por cada instituição e de acordo com a grade curricular oferecida por cada curso. Podem ser chamados de secretariado executivo, secretariado executivo bilíngue ou trilíngue e até mesmo de assessoria executiva. Quanto à duração, os cursos em grau bacharelado duram em média três anos e os de grau tecnólogo, dois anos.

O objetivo desses cursos é fornecer conhecimentos práticos e teóricos sobre a rotina de trabalho de um assistente executivo e capacitar os alunos para organizar e planejar as atividades inerentes ao dia a dia desses profissionais em empresas de todos os portes, ramos de atividade e segmentos de mercado. Além disso, os cursos de secretariado executivo preparam os alunos para dar assessoria administrativa e gerencial a executivos, gestores, departamentos de grandes corporações e até mesmo a profissionais autônomos.

A função secretarial é vista e considerada estratégica dentro das organizações públicas e privadas de qualquer porte e, por isso, a grade curricular dos cursos de secretariado abrange as áreas do conhecimento tanto das ciências humanas quanto das exatas. Há pequenas variações no currículo escolar das muitas instituições de ensino, mas, em geral, há uma concentração de disciplinas voltadas às ciências humanas e sociais, como recursos humanos, filosofia, sociologia e direitos humanos, sustentabilidade, gestão de pessoas, direito etc. Para o desenvolvimento das atividades corporativas, as disciplinas estão relacionadas à administração, gestão organizacional e de processos, finanças, economia, técnicas de liderança e negociação, planejamento estratégico, entre outras. Para complementar e até mesmo reforçar alguns conhecimentos, há também matérias como matemática financeira, contabilidade, estatística, finanças públicas e auditoria, disciplinas essas constantes em quase todas as grades curriculares dos cursos de secretariado.

A redação de documentos, sejam em formato de *e-mail*, cartas, ofícios, atas, mensagens eletrônicas etc. é a principal ferramenta de trabalho de um profissional de secretariado, o que torna fundamental e imprescindível o conhecimento profundo e a correta utilização da língua portuguesa. Essa disciplina é aplicada e avaliada em 60% dos testes para seleção de candidatos a cargos de secretários, assessores e assistentes. Em pesquisa realizada com profissionais da área de recursos humanos, 80% afirmaram que erros de português em testes de seleção são decisivos para a contratação ou não dos profissionais com função secretarial e de assessoria. Em razão disso, todos os cursos de secretariado têm a língua portuguesa em sua grade curricular, mas, apesar de sua comprovada importância para o ingresso no mercado de trabalho, em algumas instituições ela é lecionada em um ou dois semestres apenas. Os módulos destinados ao aprofundamento e atualização do conhecimento da língua portuguesa abordam os principais temas relacionados a essa disciplina como análise textual, leitura e interpretação de textos, fundamentos de redação empresarial, oficial e técnica.

Assim como o domínio da língua portuguesa é fundamental para o exercício das funções secretariais tanto no que se refere à comunicação escrita quanto à falada, é imprescindível que o profissional de secretariado tenha conhecimento, também, de uma língua estrangeira, pelo menos. De acordo com a proposta de cada curso, bilíngue ou trilíngue, são lecionados um ou dois idiomas, majoritariamente inglês e espanhol.

A área de atuação em secretariado tem se ampliado conforme esses profissionais adquirem conhecimento e prática em atividades de setores correlatos e, em muitos casos, vão além das atividades listadas na chamada "descrição de cargo". Como exemplo, podemos citar o envolvimento desses profissionais em projetos das áreas de comunicação, eventos, *facilities* (gestão de serviços gerais), custos e orçamentos, planejamento estratégico, relações públicas, entre outras. Em todas essas áreas, o profissional de secretariado tem desempenhado papel relevante em vários tipos de atividades, inclusive no gerenciamento de projetos e até mesmo em questões decisórias.

Cientes dessa mudança de paradigmas e da evolução corporativa, as faculdades e universidades incluíram em sua grade curricular disciplinas relacionadas a essas áreas mencionadas. Cada instituição pode usar nomenclaturas diferentes para tais disciplinas e apresentar pequenas variações de conteúdo, mas em todas elas o objetivo principal é abordar os conceitos e as características de cada uma dessas áreas. É claro que, devido a limitações de carga horária, as entidades avaliam, priorizam e definem quais disciplinas irão constar em seu currículo. E para atender a essa demanda e à necessidade de conhecimento desses novos conceitos, algumas instituições oferecem, além das disciplinas ligadas à administração em geral, já listadas, aulas de comunicação corporativa ou organizacional, gerenciamento e rotinas de serviços, metodologia científica e cenários socioeconômicos.

Uma área abordada em praticamente todos os cursos de secretariado é a de organização e gestão de eventos. São diversas disciplinas que apresentam todas as fases e as questões que decorrem da organização de diversos tipos de eventos. Tais disciplinas englobam temas como protocolo, cerimonial, etiqueta empresarial e social, planejamento e roteiros, gestão de viagens, oratória, além de abordar diferenças culturais, formas de elaboração e distribuição de convites, correspondências e regras de tratamento para eventos oficiais, etc. Em um grande número de empresas essa atividade está sob responsabilidade do profissional de secretariado e por isso demandam atenção das instituições de ensino.

Informática e tecnologia são outros dois temas constantes na grade curricular de todos os cursos de secretariado, pois é inegável a importância desse conhecimento para a realização das atividades corporativas. As disciplinas relacionadas a essa área apresentam formas automatizadas de se realizar tarefas manuais e rotineiras com o objetivo de agilizar e facilitar a execução dessas atividades. Além disso, permitem acesso a uma quantidade maior de informações, aumentam a eficácia dos controles e a credibilidade dos dados, facilitam o entendimento dos relatórios e contribuem para tomadas de decisões mais acertadas e fundamentadas. Alguns dos temas abordados nessa área são organização de dados e arquivos eletrônicos, lógica e interpretação de dados e sistemas de informação. Vale aqui ressaltar que existe uma grande quantidade de aplicativos eletrônicos que auxiliam na execução de várias atividades e oferecem agilidade, praticidade, facilidade de manuseio e de gerenciamento das informações. Tais aplicativos devem ser vistos como importantes ferramentas de trabalho e devem, também, ganhar espaço no conteúdo programático dos cursos de secretariado.

Um outro ramo da área secretarial que tem demandado uma grande atenção é o secretariado remoto ou virtual. Trata-se de uma modalidade de trabalho diferente do secretariado clássico desempenhado em organizações estruturadas. Para atuar nesse modelo de trabalho, outras competências e habilidades, além das já mencionadas, são necessárias e também são abordadas em praticamente todos os cursos de secretariado. São elas: empreendedorismo, *marketing*, direito empresarial, criatividade e inovação, plano de negócios e responsabilidade social.

Independentemente da modalidade de trabalho, o conhecimento e a prática de algumas disciplinas são obrigatórios ao sucesso do profissional de secretariado, pois facilitam o seu ingresso no mercado de trabalho e contribuem para a manutenção de seu emprego ou negócio. Trata-se das disciplinas que abordam temas comportamentais como psicologia e comportamento organizacional, ética profissional, relações interpessoais e diversidade, filosofia etc. Juntas, essas disciplinas dão ênfase ao conceito conhecido como inteligência emocional, competência essa fundamental em todas as fases da carreira secretarial.

Os cursos para formação de profissionais na área de secretariado também são oferecidos em formatos EAD – Ensino a Distância ou semipresencial onde algumas das disciplinas são ministradas presencialmente e outras a distância. Cabe ao aluno optar pelo método que mais corresponde a sua necessidade e disponibilidade, mas é importante lembrar que nos dois formatos a disciplina e o comprometimento são competências imprescindíveis para a conclusão do curso.

A carreira secretarial pode incluir, também, o exercício da docência. Em geral, essa prática advém de muita experiência e conhecimentos adquiridos durante toda a carreira. No Brasil não há cursos técnicos e de graduação de docência especificamente para a área de secretariado. Algumas faculdades e universidades oferecem cursos de pós-graduação em docência no ensino superior, o que habilita o formando a lecionar sobre a sua área de atuação. No campo da especialização há o curso preparatório para a docência na área de secretariado, idealizado por Walkiria Almeida e Bete D'Elia e que conta com o apoio do SINSESP – Sindicato das Secretárias do Estado de São Paulo. Nele são apresentadas e discutidas as competências e habilidades ao exercício da docência por meio de dinâmicas e atividades práticas.

A diversidade das disciplinas e a abrangência dos conteúdos abordados nos cursos de secretariado nos diferentes modelos apresentados permite ao profissional dessa área se envolver com atividades e projetos de, praticamente, todas as demais das organizações, independentemente de seu porte ou segmento. Vale reforçar que o ingresso e o envolvimento desses profissionais em atividades de setores diversos, desenvolvimento de projetos e até mesmo em questões gerenciais, normalmente se dão em decorrência do conhecimento que o funcionário tem em relação ao assunto envolvido, de sua experiência anterior, da necessidade da empresa e até mesmo do interesse demonstrado pelo próprio profissional em realizar tais atividades. Resumindo, não basta apenas ter o conhecimento técnico para desenvolver um novo projeto. É necessário ter, também, proatividade, atitude positiva, engajamento, comprometimento, disciplina, responsabilidade e foco.

Bons estudos!

Referências
GUIA DA CARREIRA. *Curso de secretariado*. Disponível em: <https://www.guiadacarreira.com.br/cursos/curso-de-secretariado/>. Acesso em: 20 de de out. de 2018.
GUIA DA CARREIRA. *Secretariado: profissão, carreira e informações gerais*. Disponível em: <https://www.guiadacarreira.com.br/guia-das-profissoes/secretariado/>. Acesso em: 25 de out. de 2018.
SOBOSLAY, Márcia S. *Como a ineficácia no aprendizado da língua portuguesa na educação básica influencia no secretariado*. 2018. 46f. Trabalho de Conclusão de Curso – SENAC, São Paulo, 2018.

Para falar sobre as diversas disciplinas que compõem os muitos cursos de secretariado pelo país, eu me baseei na descrição dos cursos e suas grades curriculares oferecidas pelas seguintes faculdades/universidades:
. Universidade Metodista de São Paulo.
. Centro Universitário das Faculdades Metropolitanas Unidas (FMU).
. Centro Universitário Estácio de Ribeirão Preto.
. Faculdade Sumaré.
. SENAC - SP.
. UFSC – Universidade Federal de Santa Catarina.
. Instituto Federal do Piauí.
. Universidade Estado do Centro-Oeste do Paraná – UNICENTRO.

21

Panorama do secretariado no Brasil e no mundo

Vivemos em um mundo VUCA, que significa volatilidade (*volatility*), incerteza (*uncertainty*), complexidade (*complexity*) e ambiguidade (*ambiguity*). Nesse cenário, o profissional de secretariado desenvolveu um novo perfil e novas competências, tornando-se apto a participar na melhoria dos processos de gestão e desenvolvimento das organizações

Elizabeth Lopes Macedo da Silva

Elizabeth Lopes Macedo da Silva

Pós-graduação em gestão de negócios – SENAC – Barra Funda. Graduação em secretariado executivo – Centro Universitário Ítalo Brasileiro (Uniltalo). Tecnólogo em gestão financeira, UNIV, Anhembi Morumbi. Possui 25 anos de experiência como secretária executiva em grandes corporações, 11 anos como *office manager* em *startups* e escritórios de pequeno e médio porte. Fundadora da Sinésia Consultoria; especialista em melhores práticas para gestão de escritório de advocacia de pequeno porte; membro do comitê de recursos humanos para escritórios de advocacia, e do grupo de estudos secretariando – SINSESP. Coautora dos livros *Competências especiais para o desenvolvimento contínuo do profissional de secretariado executivo*, e *Framework do plano de carreira do profissional secretário*. Produtora de conteúdo relacionado ao desenvolvimento profissional em canal pessoal do YouTube, acessível por meio da *hashtag* #bethdicas.

Contato
elizabethlopesmacedo@gmail.com

Vivemos em um mundo VUCA – O termo V.U.C.A . surgiu nos anos 90 dentro de um contexto militar e é uma sigla para descrever um ambiente, uma situação ou condições de volatilidade (*volatility*), incerteza (*uncertainty*), complexidade (*complexity*) e ambiguidade (*ambiguity*). Essa situação levou o profissional de secretariado a rever suas competências e a desenvolver um novo perfil, ficando cada vez mais distante daquelas atribuições operacionais. Atividades como: datilografia, taquigrafia de ditados, registros de expedientes, foram sendo substituídas por quatro pilares que atualmente permeiam a profissão: assessoria, consultoria, gestão e empreendimento. Com isso, o profissional de secretariado tornou-se apto a participar na melhoria dos processos de gestão e desenvolvimento das organizações. Os autores Bortolotto e Willers reconhecem que "devido à flexibilidade do perfil, suas atribuições e competências, esses profissionais tornaram-se 'peça-chave' nas estruturas organizacionais". (2005, p.45).

Competências: Scott B. Parry (2000) elaborou uma definição bastante interessante para competência "um agrupamento de conhecimentos", habilidades e atitudes correlacionadas, que afetam parte considerável da atitude de alguém, que se relaciona com seu desempenho, que pode ser medido segundo padrões preestabelecidos e podem ser melhorados por meio de treinamento e desenvolvimento. A competência é formada basicamente por esses três importantes e complementares elementos: conhecimento, habilidade e atitude (CHA).

Conhecimento: é o ato ou efeito de abstrair ideia ou noção de alguma coisa, Leme (2009) complementa que o conhecimento é o saber, é o que se aprende nas universidades, nos livros e no trabalho; que com a globalização e a competitividade das empresas que lutam para conquistar consumidores cada vez mais exigentes, faz com que os profissionais se mantenham em constante busca de novas tendências tecnológicas e cursos de aprimoramento. Para aplicar o conhecimento adquirido é essencial ter habilidade.

Habilidade: para Chiavenato, estudioso no campo da administração de empresas, as habilidades estão divindades em três formas.

1. **Habilidades técnicas** – uso de conhecimentos especializados para a execução de tarefas no trabalho, processos materiais, números e ferramentas.
2. **Habilidades humanas** – trabalhar com pessoas envolve a capacidade de comunicar, motivar, coordenar liderar e resolver conflitos pessoais e do grupo. Estão diretamente relacionadas à interação de pessoas.
3. **Habilidades conceituais** – visão da organização ou unidade organizacional como um todo, facilidade de trabalhar com ideias e conceitos, teorias e abstrações, permitindo planejar o futuro, interpretar a missão, desenvolver a visão e perceber oportunidades onde ninguém enxerga nada. (CHIAVENATO, 2003, p.3).

Certamente, o profissional de secretariado precisa ter boa comunicação, relacionamento eficaz, capacidade de trabalhar em equipe, inteligência emocional, além de domínio de *softwares* e redes sociais, para se manter conectado com todas as novas tendências. Esse profissional deverá ter habilidades conceituais, capacidade de analisar o contexto no local de trabalho, lidar com as diversidades, ser organizado e saber lidar com as pressões do cotidiano.

Atitude: – querer fazer – é a concretização de uma intenção ou propósito. Para Leme (2009), atitude é que nos faz desenvolver habilidade sobre um conhecimento adquirido. De acordo com Freire (2011), atitude diz respeito ao indivíduo que não espera as coisas acontecerem ou alguém dar um comando de ação, toma a decisão de fazer algo por conta própria. É a atitude que nos impulsiona a executar nossos conhecimentos e habilidades, formando, assim, o conjunto da definição de competência. A atitude, que se materializa em uma ação ou conjunto de ações, vem sempre acompanhada de uma visão sistêmica da organização, com as habilidades adequadas e com boa dose de resiliência.

Resiliência: Sabbag (2013) define a resiliência como a capacidade de enfrentar situações adversas. Um profissional com baixa resiliência apresenta certos comportamentos como: reativo, baixa autoestima, dependência, perda de controle diante de crises e teimosias em diversas situações. Costuma ficar constantemente cansado, doente e não aceita que precisa de ajuda, não supera seus problemas e não tem ambição.

É verdade que ninguém é resiliente o tempo todo, mas certamente a vida profissional exige boa capacidade dessa competência.

Diante do dinamismo global, as empresas e o governo brasileiro entenderam a necessidade de regulamentar a profissão de secretariado. Com essa regulamentação surgiram os sindicatos em todos os estados brasileiros e uma federação nacional objetivando oferecer auxílio na defesa da profissão, colaborar com profissionais e estudantes, oferecendo serviços que contribuam com o desenvolvimento de suas competências técnicas, pessoais e reconhecimento de seus valores.

Legislação para a profissão

A primeira lei a inserir o secretariado no rol das profissões regulamentadas no Brasil foi sancionada em 1978 – Lei 6.556 de 05/09/1978, posteriormente a Lei 7.377/85 combinada com a Lei 9.261/96, trouxeram grandes conquistas para o profissional de secretariado, entre elas, estabeleceram a diferenciação entre o técnico em secretariado e o secretário executivo.

Registro profissional

Para exercer as atribuições como secretário é preciso ter o registro na SRTE – Superintendência Regional do Trabalho e do Emprego. Para maiores detalhes, veja o *site* do SINSESP (Sindicato do Profissional de Secretariado do Estado de São Paulo) – https://sinsesp.com.br

Código de Ética

O Código de Ética do profissional secretário foi publicado no Diário Oficial da União no dia 07 de julho de 1989. Esse código deve ser seguido e executado por todos os profissionais da área e por todo período de atuação profissional.

Classificação Brasileira de Ocupações (CBO) e o profissional de Secretariado

A Classificação Brasileira de Ocupações reconhece, nomeia, codifica e descreve as caraterísticas e títulos de todas as atividades exercidas no mercado de trabalho no Brasil. Para classificar a categoria do profissional de Secretariado a FIPE (Fundação Instituto de Pesquisas Econômicas) houve o suporte do então presidente do SINSESP – Francisco Tadeu do Nascimento e a presidente da FENASSEC

(Federação Nacional das Secretárias e Secretários) Leida Borba de Moraes, que acrescentaram os termos: executivo, bilíngue, presidência, diretoria, assistente, assessores e auxiliares, na tentativa de diminuir a incidência de empresas que afirmavam não haver secretários atuando nas organizações, colocando em dúvida o título dos profissionais que exerciam essas atividades no cenário corporativo.

Tabela Estrutura CBO

Atividades exercidas	Código	Tipo
Gestores e especialistas de operações em empresas, secretarias e unidades de serviços de saúde.	1312	Família
Professor de técnicas comerciais e secretariais.	2331-20	Ocupação
Recepcionista auxiliar de secretária.	4221-05	Sinônimo
Recepcionista secretária.	4221-05	Sinônimo
Secretária (técnico em secretariado - português).	3515-05	Sinônimo
Secretária trilíngue.	2523-15	Ocupação
Secretária(o) executiva(o).	2523-05	Ocupação
Secretárias(os) executivas(os) e afins.	2523	Família
Secretário bilíngue.	2523-10	Ocupação
Secretário bilíngue de diretoria.	2523-10	Sinônimo

Fonte: http://www.mtecbo.gov.br/cbosite.

Descritivo das atividades
2523 - Secretárias(os) executivas(os) e afins:

2523-05 - Secretária(o) executiva(o)
Assessor de diretoria, Assessor de presidência, Assistente de diretoria, Assistente de presidência, Auxiliar administrativo de diretoria, Auxiliar administrativo de presidência, Secretário de diretoria, Secretário de gabinete, Secretário de presidência, Secretário pleno, Secretário sênior, Tecnólogo em secretariado.

2523-10 - Secretário bilíngue
Assessor bilíngue, Assistente bilíngue, Auxiliar administrativo bilíngue, Secretário bilíngue de diretoria, Secretário bilíngue de gabinete, Secretário bilíngue de presidência, Secretário pleno bilíngue, Secretário sênior bilíngue.

2523-15 - Secretária trilíngue
Assessor trilíngue, Assistente trilíngue, Auxiliar administrativo trilíngue, Secretário pleno trilíngue, Secretário sênior trilíngue, Secretário trilíngue de diretoria, Secretário trilíngue de gabinete, Secretário trilíngue de presidência.

2523-20 - Tecnólogo em secretariado escolar
Secretário de escola (curso de tecnologia), Secretário escolar (curso de tecnologia).

Descrição sumária:

Assessoram os executivos no desempenho de suas funções, atendendo pessoas (cliente externo e interno), gerenciando informações, elaboram documentos, controlam correspondência física e eletrônica, prestam serviços em idioma estrangeiro, organizam eventos e viagens, supervisionam equipes de trabalho, gerem suprimentos, arquivam documentos físicos e eletrônicos auxiliando na execução de suas tarefas administrativas e em reuniões.

Esta família não compreende:

3515 - Técnicos em secretariado, taquígrafos e estenotipistas

Fonte: https://bit.ly/2Fls36y.

Nos critérios e métodos do sistema CBO, as carreiras são identificadas, classificadas e organizadas segundo:

- Níveis de atuação que se baseiam em diferentes graus de formação
- Que remetem às suas abrangências
- Que remetem às suas atribuições
- Que remetem às suas competências e habilidades requeridas.

Conclusão

Diante do mundo VUCA em que vivemos, a profissão de secretariado está em constante transformação e o desafio é elaborar um bom plano de carreira, mas isso é assunto para o nosso próximo encontro.

Referências

LEAL, Fernanda Geremias e DALMAU, Marcos Baptista Lopez. *Formação e perspectivas de atuação do secretariado executivo no Brasil*, Revista do Secretariado Executivo, Passo Fundo,RS: p.71-85, n. 10, 2014. Disponível em: <https://www.researchgate.net/publication/285927343_Formacao_e_perspectivas_de_atuacao_do_secretario-executivo_no_Brasil>. Acesso em: 27 de fev. de 2019.

MARINHO, Ana Paula. *Competências Especiais para o desenvolvimento contínuo do profissional de secretariado executivo*. São Paulo: Sinsesp, 2014.

MARINHO, Ana Paula. *Framework do plano de carreira do profissional secretário*. São Paulo: Sinsesp, 2015.

22

O docente como protagonista da nova educação

O professor pode assumir o papel de protagonista da Nova Educação? Sim! Se estiver disposto a se reinventar, desaprender o que não serve mais e se colocar no papel de eterno aprendiz. Essa escolha passa pela paixão em ser professor. Só esse nobre sentimento o estimulará a desbravar um novo território, para ensinar melhor e formar pessoas para a vida

Bete D'Elia

Bete D'Elia

Graduada em Português-Francês pela USP (Universidade de São Paulo). Especialização em desenvolvimento humano, pelo Psyko Universal Instituto de Desenvolvimento. É *coach* com formação pelo IDHL (Instituto de Desenvolvimento Humano Lippi). Palestrante e facilitadora em treinamentos, cursos e *workshops*. Professora de pós-graduação da Fecap, do curso de assessoria executiva. Consultora para profissionais da gestão empresarial, no setor público e privado, com destaque no segmento secretarial. Diretora Toucher Desenvolvimento Humano Ltda. Coautora do projeto premiado na CONASEC-2016, 1º lugar no voto popular, *Curso Preparatório para Docência na Área de Secretariado*, de 2016. Coautora do projeto premiado duplamente na CONASEC-2018, 1º lugar no júri técnico e 2º lugar no voto popular, *Indicadores de Resultado para o Profissional de Secretariado*. Autora e coautora de diversos livros.

Contatos
betedelia@uol.com.br
Plataforma lattes: Maria Elizabete Silva D Elia

Existe uma voz unânime da sociedade clamando pela mudança urgente da nossa educação. Está decretado o final do ensino passivo, mesmo que ele ainda represente uma grande parcela nas escolas existentes.

O modelo de repetição utilizado por muitos professores há muito assumiu a sua falência.

O avanço da tecnologia chegou definitivamente na educação, propondo novas formas de ensino e aprendizagem. Com certeza, a tecnologia norteará os modelos que muitas escolas utilizarão para repensar seus conteúdos e metodologias, compatíveis com o perfil dos alunos atuais.

Surge até um novo modelo de negócio, liderado pelas *EdTechs*, cuja missão é mudar radicalmente a educação tradicional, com o investimento em inteligência artificial, realidade virtual entre outras.

Muitos educadores e pesquisadores defendem o "ensino por habilidades" como a melhor forma de conexão com que o aluno tem de melhor.

Há também uma grande mudança no papel do docente. Ele deverá ter humildade para delegar o papel de protagonista para o aluno, durante as aulas, assumindo a função de mediador das discussões, facilitador, mentor. O mercado de trabalho, além dos livros, será uma diretriz para os professores consultarem, escolhendo o que for relevante para os seus alunos, incluindo esses dados no seu conteúdo programático.

Os novos alunos querem compartilhar e não só ouvir, desejam praticar o que aprendem, querem fazer parte da solução.

O livro *O professor na hora da verdade* (MASETTO, 2010) propõe modelos de aulas em que essas expectativas dos alunos acontecem e são muito enriquecidas. Ele defende o conceito de aprendizagem como:

> Um processo de crescimento e desenvolvimento de uma pessoa em sua totalidade, envolvendo, no mínimo, quatro grandes áreas: a do conhecimento, a do afetivo-emocional, a de habilidades humanas e profissionais e a de atitudes ou valores.

A aprendizagem na área do conhecimento contempla o desenvolvimento do ser humano na parte mental: capacidade de pensar, refletir, analisar, comparar, criticar, entre outras.

O desenvolvimento do aspecto afetivo-emocional refere-se a proporcionar aos alunos situações de autoconhecimento, dimensão das suas potencialidades, desenvolvimento da sua autoestima.

A parte de habilidades humanas e profissionais é exatamente a que evidencia a aplicação prática do aprendizado, a possibilidade de resolver problemas, apresentar novas soluções.

Desenvolver valores e atitudes é o aspecto mais desafiador. Além de formar um profissional competente no segmento em que atuará, o professor é também responsável na cocriação de um cidadão consciente, em que as atitudes pessoais e profissionais sejam coerentes com a responsabilidade social e qualidade de vida coletiva.

Os professores já praticam em suas aulas as brilhantes lições de Masetto ou similares? Estão preparados para as novas mudanças?

As respostas podem ser sim e não. Sempre há aqueles mestres que lideram o novo assumindo-se como "puxadores" do movimento. Trata-se de um rol de profissionais comprometidos não só com a missão de ensinar, que já é um desafio constante. Eles se preocupam com o futuro da educação, dos alunos e dos profissionais.

O livro *Mindset: a atitude mental para o sucesso* (DWECK, C. 2017) aborda com muita propriedade duas atitudes em relação ao *mindset* (modelo mental), que podem ilustrar o comportamento das pessoas em relação à mudança, posicionamento diante da vida, relacionamento com pessoas, independentemente do grupo a que pertencem.

O "*mindset* fixo" acredita que aptidões e inteligência são pouco flexíveis. Ao contrário, o "*mindset* do crescimento" defende que podemos melhorar nossas habilidades ao longo da vida. As características principais das pessoas que possuem o *mindset* fixo são:

- Consideram a inteligência estática;
- Evitam desafios;
- Ficam na defensiva ou desistem facilmente;
- Consideram o esforço como algo infrutífero ou pior;
- Não apreciam *feedbacks*;
- Sentem-se ameaçados pelo sucesso dos outros.

Por outro lado, aquelas que têm o *mindset* do crescimento apresentam atitudes como:

- Abraçam desafios;
- Persistem nas dificuldades;

- Consideram o esforço um caminho para a excelência;
- Aprendem com a crítica;
- Encontram lições e inspiração no sucesso dos outros.

Possivelmente, os professores com o *"mindset* do crescimento" terão mais facilidade para se adaptarem às mudanças, além de atuarem como precursores. Aqueles com o *"mindset* fixo" poderão apresentar resistências e dimensionar os problemas muito maiores do que realmente são.

Independentemente do tipo de *mindset,* há muitos desafios a serem ultrapassados. Para muitos, a maior dificuldade reside na tecnologia.

Alguns estudiosos sobre a revolução da educação consideram que o caminho das pedras para muitos docentes está na necessidade de exercitar as atitudes de flexibilidade e colaboração que o novo cenário exige.

Para ser protagonista desse momento histórico, o docente precisará descer do *podium* e fazer parte das equipes, assumindo o papel de eterno estudante, para desaprender o que não serve mais e aprender o que passou a ser pertinente às novas demandas. Segundo Masetto, "em uma aula, professor e aluno aprendem, e aprendem num processo de interação entre eles".

Em todas as vertentes, há obstáculos a serem vencidos. Para alguns, a tecnologia simboliza o "leão" a ser domado. Para outros, "o calcanhar de Aquiles" reside na mudança de comportamentos. É fato que uma metamorfose geral se faz necessária.

Como em toda transformação, não há uma receita de bolo e um manual a ser seguido. Cada um será responsável em traçar o seu caminho de aprendizagem. O intercâmbio entre áreas multidisciplinares se apresenta como viável para evitar atalhos e gerar a construção coletiva do novo conhecimento.

Além dessas grandes áreas, que são palavras de ordem da sociedade, há outra mudança mais sutil, mas tão importante quanto. Ela é inerente ao "como" o professor interage com o aluno, independentemente da disciplina que for responsável. Esse aspecto reforça a importância da aprendizagem afetivo-emocional, apresentada por Masetto. O grande mestre Augusto Cury (2003) defende a importância de colocar a "emoção" como uma forma diferenciadora do aluno captar a aprendizagem.

É, sem dúvida, mais uma lacuna a ser preenchida, visto que a emoção não fez parte do aprendizado da maioria dos mestres. Aliás, a emoção ainda é um terreno de areia movediça, que poucos se sentem confortáveis para falar a respeito e, principalmente, para sentir e expressar.

No mundo corporativo, ela teve permissão para entrar, no início da década de 1990, com os estudos científicos feitos por Daniel Goleman e outros *experts*. Três décadas podem ser consideradas um período relativamente curto para que a mudança de comportamento tenha ocorrido. Mas, já há sinais de que o cenário empresarial reconhece a importância da inteligência emocional, para otimizar a produtividade, melhorar relacionamentos e contribuir para ambientes mais saudáveis.

No ambiente educacional há algumas iniciativas que reconhecem a importância da afetividade na aprendizagem. O próprio professor Masetto, citado anteriormente, confirma a importância dessa parte no desenvolvimento integral do aluno.

Augusto Cury apresenta uma possibilidade viável, com o seu livro *Pais brilhantes, professores fascinantes*, sem dúvida, uma leitura obrigatória para pais e mestres que sonham com uma educação melhor, aliada à formação de futuros profissionais felizes e inteligentes.

Segundo ele, "ensinar a matéria estimulando a emoção dos alunos desacelera o pensamento, melhora a concentração e produz um registro privilegiado". Um novo mundo se apresenta, quando o professor se apropria desse conhecimento e o incorpora na sua forma de dar aula.

Cury (2003) afirma que todos sabem acessar a memória do computador, porque ela é livre. No ser humano, poucos sabem que a "emoção" filtra esse acesso, influenciando no grau de abertura da memória, apresentando diferenças, dependendo da emoção que o aluno estiver sentindo. Ela também afeta a capacidade de pensar. "Emoções como medo, ansiedade e estresse travam os arquivos e bloqueiam os pensamentos."

Se o professor souber identificar o estado emocional dos alunos, poderá entender melhor o desempenho de muitos deles, como terá a oportunidade de colocar na aula dinâmicas que gerem sensações coletivas de tranquilidade, que facilitam a aprendizagem da maioria.

Cury (2003) incentiva o professor a conhecer a alma humana, para poder escolher ferramentas pedagógicas que tornem a sala de casa e a de aula um ambiente acolhedor e saudável e não um local de estresse, como hoje acontece em muitas escolas.

Uma revolução na educação pode ser feita pelo professor, mesmo que a escola não esteja ainda equipada com as novas tecnologias e não tenha feito as essenciais mudanças na metodologia.

Cada professor pode ser um precursor dessa atitude, investindo no conhecimento da emoção, como mais um divisor de águas de inovação na docência. O docente pode desenvolver a sua sensibilidade como mais uma estratégia para captar a linguagem dos alunos, bem como ser entendido por eles.

Para Cury (2003), todo professor pode ajudar a educar a emoção dos estudantes, "estimulando-os a pensar antes de reagir, a não ter medo do medo, a saber filtrar os estímulos estressantes e a trabalhar não apenas com fatores lógicos e problemas concretos, mas com as contradições da vida".

Essa escolha passa, necessariamente, pela paixão em ser professor. Só esse nobre sentimento o estimulará a desbravar um novo território como a emoção, para ensinar melhor, para chegar mais fácil ao coração dos alunos, para atingir o objetivo de formar pessoas para a vida.

No livro *Pais brilhantes, professores fascinantes*, Cury fala de dez ferramentas psicopedagógicas, que objetivam:

> Educação da emoção, educação da autoestima, o desenvolvimento da solidariedade, da tolerância, da segurança, do raciocínio esquemático, da capacidade de gerenciar os pensamentos nos focos de tensão, da habilidade de trabalhar perdas e frustrações.

Conhecendo o perfil do seu aluno, a que campo de atuação ele se destina, o professor poderá escolher as ferramentas, enriquecê-las com a sua experiência, aliada à resposta dada pelos estudantes.

No área do secretariado, "a educação da emoção, educação da autoestima, a capacidade de gerenciar os pensamentos nos focos de tensão" poderá significar um salto no crescimento e na aquisição de credenciais para atuar com equilíbrio, no ambiente corporativo, em que a matéria-prima é feita de tensão, pressão, cobranças, assessorias a perfis heterogêneos.

As possibilidades são inusitadas se o docente escolher ser protagonista desse processo. Poderá ser um percurso de muitas mãos, somando ideias, esforços, experiências, pesquisas, expertises em prol de um bem maior, que é a educação.

Haverá bônus e ônus, mas com certeza muita realização por colaborar com a evolução de muitas vidas, da sociedade e por que não do mundo globalizado.

Referências
CURY, Augusto. *Pais brilhantes, professores fascinantes*. Rio de Janeiro: Sextante, 2003.
DWECK, Carol S. *Mindset: A nova psicologia do sucesso*. São Paulo: Objetiva, 2017.
MASETTO, Marcos T. *O professor na hora da verdade: a prática docente no ensino superior*. São Paulo: Avercamp, 2010.
BORNELLI, Junior. *O fim dos professores*. Disponível em: <https://www.startse.com/noticia/mercado/59127/o-fim-dos-professores>. Acesso em: 18 de dez. de 2018.
VOCÊ S.A, Revista. *Especial educação executiva*. São Paulo: Editora Abril, fev. de 2016.
VOCÊ S.A, Revista. *Revolução na educação*. São Paulo: Editora Abril, jun. de 2018.

23

Tríade sistêmica: exercícios práticos

Nesta obra, as luzes do conhecimento, do planejamento estratégico, da educação e de novos caminhos já foram mostradas em capítulos anteriores. O farol do percalço, da melhoria contínua, dos estereótipos e das particularidades do secretariado, também é habitualmente visto por nós, no ofício da profissão. Neste capítulo, sinto-me desafiada a fugir do óbvio. Por que não? Por que não ir além da fronteira do medo e da zona de conforto? Por que não ousar? O que proponho é o farol das estrelas. O que proponho é olharmos também para a alma...

Denise dos Santos

Denise dos Santos

Formação técnica em secretariado, bacharelado em secretariado executivo e pós-graduação em assessoria executiva e gestão da comunicação integrada. Psicanalista por paixão, estudante do comportamento humano e idealista de técnicas comportamentais. Secretária executiva em grandes empresas nacionais e multinacionais. Escritora e influenciadora para a defesa do perfil multidisciplinar para o secretariado na atualidade e para o aperfeiçoamento contínuo de *soft skills* para a profissão.

Contatos
autoconhecimentoeperformance@gmail.com
Instagram: @de_sts
(11) 96380-2526

"Quando a dor de não estar vivendo for maior que o medo da mudança, a pessoa muda."
Sigmund Freud

Assumo hoje, escrevendo estas linhas, o singelo objetivo de estimular um novo pensamento, instigar a mínima curiosidade de aprender sob novos aspectos ou ainda, por ventura, guiá-lo à espreita de uma fresta, movendo em você, o desejo de um novo ponto de vista.

Passearemos por algumas teorias comportamentais e também pelos caminhos da espiritualidade. Estimulo essa mescla, por acreditar que em um futuro, não tão distante, a ciência e a espiritualidade compactuarão dos mesmos princípios, compartilhando, como deve ser, do mesmo caminho, pois atuarão em congruência e harmonia, almejando em sintonia o bem-estar físico e emocional do indivíduo.

Gosto de observar esse conjunto, de corpo, alma e coração, nomeando-o como a Tríade Sistêmica ou de Propósito.

Partindo de um ponto inicial, quando aqui chegamos, pelo nascimento, somos seres cristalinos, e verdadeiramente dotados de toda pureza.

Fomos idealizados como espíritos livres, espontâneos, criadores, criativos e tomados pela fé inabalável, de que possuímos um poder indivisível e que está no alcance de todos nós.

Enquanto crianças, somos guiados pela imaginação de que tudo podemos transformar, podendo nos vestir livremente como super-heróis de nossa própria história.

Somos dotados de inteligência e de livre arbítrio.

O que, por si só, já nos seria uma dádiva divina da intelectualidade.

Enquanto ainda crianças, somos livres, estando, assim, mais próximos de um amor puro e "ainda" universal.

Ao longo de nosso crescimento e principalmente durante a primeira infância, compreendida até os sete primeiros anos de vida, foram naturalmente acrescentadas a todos nós, pouco a pouco, durante o trato diário e cotidiano, introjeções, projeções e crenças de nosso seio e sistema familiar, por meio de nossas relações parentais.

Essas camadas, antes inexistentes, são como cerceadores de nossa liberdade. Para materializar o pensamento, imaginemos, agora, que somos como uma cebola que, ao desenvolver-se, entre a semeadura e colheita – em sua tenra "maturidade"–, teve camadas somadas ao seu âmago cristalino.

Ao nosso sistema, muitas vezes, são introjetadas frustrações, medos, mágoas, a realidade e o ponto de vista do meio social em que o indivíduo, enquanto criança, foi exposto.

Paulatinamente, em nosso sistema configurado originalmente como puro e livre, foram acrescentadas a nossa existência experiências, comportamentos e crenças, vivências boas e ruins que, somadas a nossa memória consciente e inconsciente, deram origem ao que chamamos de EGO, com todas as suas repressões e recalques.

Freud desenvolveu a teoria psicanalítica, sustentando a ideia de que o indivíduo ainda "não é dono de sua casa", sendo, assim, suscetível aos acontecimentos provenientes de sua cadeia mimética ou sua cadeia de memórias, tendo seus comportamentos guiados por 95% de seu conteúdo inconsciente e por repetições orquestradas ao escuro e ao desconhecido.

Estando, assim, o indivíduo, à mercê de apenas 5% de seu conteúdo consciente – aquele que está sob à luz de suas escolhas e total responsabilidade, como a figura de um *iceberg*.

Ou seja, em um indivíduo adulto, que não está sob análise ou livre associação, seus comportamentos, desejos, sonhos, propósitos e crenças, bem como manifestações de pulsões, manias e fobias, estão sob o efeito de 95% de seu conteúdo inconsciente e que, por algumas vezes, não são acessados de forma racional ou lógica.

Se para algumas ciências, dentre elas a física quântica, um pensamento gera um sentimento, que gera uma ação e, consequentemente, uma emoção e um efeito (muitas vezes, no corpo físico), podemos atestar, desse modo, a total implicação e o direto envolvimento do complexo Sistema da Tríade individual.

Tendo nossos pensamentos originários em uma base predominantemente inconsciente e ainda pouco explorada e desenvolvida, podemos afirmar que nossas ações e emoções são condizentes e congruentes a esses níveis vibracionais próprios a essas faixas de pensamentos.

Já não podemos negar que a existência do universo é constituída por átomos, sendo condutores e emissores de campo eletromagnético próprio, composto de energia e de informação.

Para a física, pode entender-se por *quantum* a quantidade mínima de energia suscetível de transmissão por meio de um comprimento de onda.

Todos nós, enquanto seres pensantes, emanamos uma vibração própria e individualizada. Somos uma onda, cuja frequência é resultado da média das frequências dos corpos mental, emocional, físico e espiritual.

Por assim dizer, por ressonância e magnetismo, atraímos pessoas, pensamentos e ações que estejam semelhantes e sintonizados na mesma faixa vibracional inconsciente que nós.

Também popularmente exemplificada e difundida pela Lei da causa e efeito.

Verdadeiramente, os semelhantes atrairão seus semelhantes ou situações afins.

Enquanto dotados de seu 5% de conteúdo consciente, e à luz de suas escolhas, você pode desejar algo, ter sonhos, almejar transformações, mudanças de comportamentos, transmutações sistêmicas e profundas. Em um nível consciente e em pensamento, a alteração pode ser idealizada, mas que, por falta de energia impulsionadora ou de desejo como pulsão, não é materializada, tornando-se real.

Muitas vezes, sem ajuda externa é difícil manter o estado vibracional coerente para proporcionar a mudança desejada, a transformação e a transmutação tão requeridas e que, para alguns, são consideradas como um sonho, um desejo muito importante ou até uma segunda chance.

Estou aqui me referindo, por exemplo, ao amor próprio, à estima, às mudanças comportamentais benéficas, perdas, angústias, à prosperidade, como olhamos ao dinheiro e finanças, aos relacionamentos e em como expressamos afeto comumente em nossas vidas, em como acreditamos no amor, como alimentamos nossa alma de esperança, nossa relação com a comida, nossas fobias, positividade, negatividade e tantos outros sintomas, tão facilmente conhecidos nos dias atuais.

O universo sempre nos proverá das respostas eletromagneticamente as nossas solicitações vibracionais e aos nossos desejos inconscientes.

E, como materializar o conceito para a vida prática?

Como tornar o círculo virtuoso e eliminar, por exemplo, a autossabotagem?

Em termos práticos, e para os leitores desta obra, refiro-me à posição secretarial. Tenho observado, ao longo de minha atuação em grandes empresas multinacionais de grande porte, a existência de uma parcela de profissionais descontentes e já descrentes de sua atuação ou do futuro que a profissão poderá proporcionar.

Tendo notado, também, ainda por observação dos mesmos profissionais, o relato de estagnação salarial, com aparentemente poucas opções ou novas possibilidades futuras.

Certamente, o secretariado ainda é uma profissão marcada por estereótipos de um passado não muito distante e por mentalidades e atuações retrógradas, tanto por profissionais, como empresas.

Tendo a introdução deste capítulo como guia, farei a reflexão...

Mover-se em novas descobertas, probabilidades, aventurar-se pelo desconhecido, afastando-se de sua zona de conforto, responsabilizando-se integralmente e somente a si, e não apenas à empresa em que atua, mudar é o que realmente lhe convém (consciente e até inconscientemente)?

Esta é uma resposta em que o certo e o errado são apenas um ponto de vista.

Que, no caso, é o seu único e exclusivo.

Essa conversa é sobre você e ninguém mais.

Tendo sua resposta como afirmativa, estímulo...

Você está vibrando inconscientemente e eletromagneticamente de forma verdadeira e condizente ao seu desejo mais íntimo?

A fim de promover o início de uma mudança, complemento que a faixa vibracional medida em *hertz* (ondas por segundo), capaz de transmutar comportamentos ou colapsar um desejo e uma intenção, é a alegria.

Portanto, alegre-se pela possibilidade de existir e de recomeçar.

Este é caminho primário.

A pergunta que não quer calar:

Podemos nos provocar: como "saltar" faixas vibracionais, alternando, assim, os nossos estados, ações e emoções e, tão logo, o pensamento?

Posso, humildemente, sugerir como prática um exercício para a sua mudança interior.

Posso apontar um início para a sua caminhada.

Infalivelmente, a cura passa por nossos corações e pelo desejo de iniciar.

A reconexão de nosso propósito e do equilíbrio de corpo, alma e coração passa, inicialmente, pela limpeza das projeções recebidas durante a vida, pelo perdão do passado e pelo aceite de sua história.

Inicie o dia tendo o seu termômetro de humor neutralizado na curiosidade de uma nova oportunidade para realizar o bem e o melhor de si (mesmo que ainda haja um caminhão de lixo para reciclar).

A escolha de subir o elevador do humor, para a compreensão, otimismo, criatividade e sabedoria é totalmente sua. Sempre será!

Dia após dia.

Assim como permanece sua a opção de descer o elevador, e manter-se em frustração, irritabilidade, ansiedade, autocriticidade e depressão. Não se entregue também à apatia do anestesiamento do não sentir.

Para você, que ainda lê estas páginas, como prática diária sugiro continuamente...

Feche seus olhos por alguns instantes.

Tente desprender-se de alguns pensamentos.

Não tenha a pretensão inicial de deslocar-se imediatamente de suas preocupações.

O caminho é longo, eu diria.

Este deve ser um exercício diário, uma prática constante e um reencontro com a sua criança perdida.

Tente, mesmo que por alguns instantes, ainda que breves. Tente esvaziar a sua mente. Fixe o pensamento entre o vão de seus olhos, onde é localizado o terceiro olho ou, ainda, se preferir, focalize o pensamento em uma música suave ou aquela que lhe preencha o coração, por trazer a você boas lembranças.

Durante esse período de introspecção momentânea, deseje genuinamente permanecer vivendo, vibrando positivamente por sua existência e procure desprender-se das maledicências que a vida adulta, por ventura, trouxe para a sua existência.

Faça o exercício de recordar um momento alegre da sua infância ou, ainda sim, procure espelhar-se em um sorriso franco, sincero e generoso de uma criança.

Faça o exercício de relembrar-se da bondade e do amor divino que habita em você.

Desarme sua mente e procure visualizar com o coração. Apenas deixe fluir.

Aproveite o momento para usar da sincronicidade existente em você. No exercício não há necessidade de mentiras ou máscaras.

A única vestimenta que necessitará é o seu amor próprio (seja ele como for representado por você).

Você está só agora. Está só, com todo o benefício que essa completude pode proporcionar-lhe.

Deseje, neste momento, enquanto livre de prejulgamentos externos, não mais vitimizar-se pelos acontecimentos que o acometem.

Traga para si mais uma vez o desejo de autorresponsabilizar-se por suas escolhas, tornando-se dono de seu destino, de sua caminhada e trajetória consciente, sendo proprietário de sua vida, e porque não, instrumento de luz e benevolência.

Aproprie-se de si. Mais uma vez!

Aproprie-se de sua vida. Com tudo o que ela tenha e represente.

Descalce os calçados da indiferença e, com coragem, encare o momento presente como dádiva.

Liberte-se, se possível, da dor e da mágoa, dos arrependimentos e da culpa.

Peça ajuda. Não tenha vergonha.

Tenha fé e tenha também novos direcionamentos.

Tenha melhores escolhas a partir de agora.

Com esses pensamentos invadindo o seu corpo e com a emoção que invade o seu coração, sinta o calor contagiando os pés e a cabeça.

Sinta a emoção passando por cada parte do seu corpo que, até então, o entorpeceu pelas vicissitudes de uma vida.

Esquente mentalmente as mãos, os pés e o coração.
Agradeça por voltar a sentir. Desperte uma nova realidade.
Acredite!
Volte a crer!
Perdoe-se. Inicialmente a você e a suas dores.
Aceite a sua história. Esqueça as cobranças e opressões de seus pais. Eles, e você, não sabiam o que sabem hoje.

Assim como você, seus pais também estão percorrendo um caminho próprio e de individualidade rumo ao reencontro de suas origens mais íntimas.

A vida é feita de parâmetros. Melhore os seus, a partir de agora.
Abaixe as armas, eu peço.
Despeça-se das armaduras. Já é pesado demais sustentá-las.
Seja menos exigente consigo.
Prefira a flexibilidade do que a dureza do aço.
Faça por você.
Faça o exercício primeiramente por você.
Você merece!
Este será um começo.
Eu garanto.

A prática terapêutica de autoconhecimento, por meio da psicanálise, por exemplo, é necessária e de grande valia.

Pois, tendo sua responsabilidade consciente, poderá mover-se melhor rumo ao caminho da vida, escolhendo continuamente como força motriz o empoderamento de si, reconhecendo-se gradativamente em uma nova realidade, encontrando soluções que busquem permanentemente novas perspectivas da sua própria história, almejando uma construção psíquica menos periclitante, inclusive para a sua prática profissional no secretariado.

Referências

BRUNET, Tiago. *12 Dias para atualizar sua vida, como ser relevante em um mundo de constantes mudanças*. São Paulo: Editora Vida, 2017.

FREUD, Sigmund. *Obras completas vol. 11, Totem e tabu, contribuição à história do movimento psicanalítico e outros textos (1912 – 1914)*, tradução Paulo César de Souza. São Paulo: Companhia das Letras, 2012.

FREUD, Sigmund. *Obras completas vol. 6, Sobre a psicopatologia da vida cotidiana (1901)*, tradução Paulo César de Souza. São Paulo: Companhia das Letras, 2012.

FREUD, Sigmund. *Obras completas vol. 19, O ego e o id, e outros trabalhos (1923 - 1925)*, tradução Paulo César de Souza. São Paulo: Companhia das Letras, 2012.

GOSWAMI, Amit. *O universo autoconsciente*, 3.ed. São Paulo: Editora Aleph, 2015.

24

Felicidade e educação

Felicidade e educação seriam o grande diferencial no nosso ensino. Um sonho? Não! Já há exemplos evidentes da junção desse binômio. Como o amor é a base para a felicidade e a educação o caminho da evolução permanente, pode-se afirmar que o caminho já foi iniciado, mostrando uma forte luz no final do túnel

Regina Silveira

Regina Silveira

Assistente pessoal e executiva tempo integral desde 1987 em uma produtora de comerciais e conteúdo de TV. Assistente *part time* em uma ONG ambientalista e psicossocial desde 2012. Graduação em secretariado em andamento, iniciada como desafio e experiência. Previsão de término dezembro 2019. Cursa aulas de inglês na Escola Terapia Millennium-Línguas, onde busca inspiração nas aulas para iniciar pesquisas e temas psicossociais. Concluiu o 6º CPDAS curso preparatório para docência na área do secretariado, 2018. Possui mais de mil horas em *workshops* e seminários pela Faculdade Keppe Pacheco. Tem desejo forte de divulgar pelo mundo, observando e compartilhando, o que aprendeu na vivência do secretariado.

Contatos
reginasilveiram@gmail.com
Plataforma lattes: Regina Celia da Silveira Macedo
+55 (11) 94793-4969

Felicidade e educação podem andar juntas? Mesmo que não haja respostas concretas a essa pergunta, é possível fazer algumas colocações pertinentes:

- O aperfeiçoamento contínuo proporciona mais segurança ao profissional, permitindo-lhe ficar mais feliz na sua atuação, tanto como profissional de secretariado e também como docente.
- Direcionar o trabalho a serviço de uma empresa ou da formação de alunos pode gerar realização e o estado interno de felicidade.
- O afeto tem uma importância vital no aprendizado, o que também pode ser entendido como uma vertente da felicidade na educação.

A educação continuada é, sem dúvida, o caminho para todos os profissionais que almejam ter sucesso nas suas carreiras.

Há alguns ícones de sucesso fora da curva que, mesmo sem a formação tradicional, conseguiram se destacar e chegar ao sucesso. São os autodidatas que aprenderam no *work in progress* e foram inteligentes ao formar equipes estratégicas, com profissionais capacitados e graduados, para dar direção ao negócio e fazer uma gestão de qualidade.

Alguns exemplos ilustram estes casos:

1. Hans Stern – presidente da empresa. Em 1945, começou a trabalhar no Rio de Janeiro com compra e venda de pedras preciosas. Tinha 22 anos. Hoje a H. Stern é conhecida mundialmente por suas joias, qualidade e beleza.
2. Mark Zuckerberg – cofundador do Facebook. Começou a faculdade de computação em Harvard, no ano de 2002, mas saiu sem concluí-la em 2005, para trabalhar somente no Facebook.
3. Silvio Santos – conhecido em todo o Brasil. A maioria sabe que ele começou a carreira aos 14 anos como vendedor ambulante, mas poucos sabem que o dono da voz que o levou a fazer teste na antiga rádio Guanabara, no Rio de Janeiro não teve graduação e hoje é proprietário de hotel, emissora de TV, empresa de cosméticos e outras empresas pouco conhecidas, mas de grande potencial, além de ter sido indicado a ocupar a vaga de presidente do Brasil, nos anos 80.

O caminho da docência é diferente nos quesitos para atuação, bem como para ter sucesso. A formação é condição *sine qua non*. Para a maioria dos cursos e entidades, não basta a graduação e a especialização. É necessário ter o mestrado, para transferir conhecimentos aos futuros profissionais. Além dessas titulações, é importante que os docentes conheçam também a profissão para a qual estão ministrando cursos, a bibliografia disponível para enriquecer os exemplos e contextualizar os ensinamentos.

Um exemplo é esse quadro comparativo do secretariado, da década de 1970 ao século XXI, que ilustra a história da profissão e sua escalada gradativa.

Principais modificações que o perfil do profissional de secretariado sofreu nas últimas décadas:

Década de 1970	Década de 1980	Década de 1990	Século XXI
A experiência é uma ferramenta usada no comando.	O grau de escolaridade é sua ferramenta de comando.	Sua *performance* é sua ferramenta de comando.	O profissional e sua equipe são a ferramenta do sucesso dele e de outros.
Acomodado.	Confiante.	Independente.	Tem visão global das coisas.
Dependente.	Político.	Gera mudanças.	Lidera mudanças.
Resiste às mudanças.	Ajusta-se às mudanças.	Facilitador.	Criativo.
Carreirista.	Procura ser cooperador.	Seu salário é conquistado pela importância do seu trabalho.	Seu salário é conquistado pelo resultado de seu trabalho, bem como de sua equipe.
Seu salário é determinado pela empresa.	Seu salário é negociado pela empresa.	Seu conhecimento é fruto da aplicação prática da teoria.	Seu conhecimento é fruto do aprendizado contínuo.
Seu conhecimento é fruto da experiência profissional.	Seu conhecimento é baseado na teoria acadêmica.		

Fonte: Neiva; D'Elia (2003 apud BOND; OLIVEIRA, 2009, p.52-53).

Comparação entre as atividades realizadas no passado e nos dias de hoje pelo profissional de secretariado:

Como era	Como fica
Digitação.	Coordenação sistema de informação: uso de rotinas automatizadas (editores de texto, agendas, telefone e banco de dados).
Envio e recebimento de correspondências.	Coordenação do fluxo de papéis no departamento e triagem e decisões sobre assuntos de rotina.
Provisão, para o departamento de material necessário à realização da rotina administrativa.	Coordenação de compras, cotação de preços e administração de custos do departamento.
Organização de reuniões.	O profissional de secretariado programa os equipamentos, organiza a infraestrutura e participa de muitas delas.
Atendimento ao telefone.	Atendimento global ao cliente, secretária *ombudsman*[1], exigindo maior conhecimento da empresa e clientes.
Manutenção de arquivo.	Organização do sistema de dados e informação em arquivos manuais e eletrônicos.

1 *Ombudsman* é um termo sueco que, na língua portuguesa, significa ouvidor, profissional responsável por receber críticas, sugestões e reclamações de usuários e consumidores, devendo agir de forma imparcial no sentido de mediar conflitos entre as partes (empresa e seus consumidores) envolvidas.
Fonte: Neiva; D'Elia (2003 apud BOND; OLIVEIRA, 2009, p.53-54).

Fazer o que se ama com paixão pode ser um indicador para encontrar felicidade na atuação profissional. Mesmo com amor, é importante saber que nenhum caminho é um mar de rosas. É necessário se preparar: planejar rotas, paradas, partidas, manutenção no barco para enfrentar as tempestades, um porto seguro para jogar a âncora...

E mesmo com todo este planejamento, a rota pode mudar. O navegador, palestrante e escritor brasileiro Amyr Klink disse que desde muito pequeno tinha contato com embarcações e o mar. E um dia, já crescido e muito experiente, voltando de uma viagem, antes de atracar na marina de Paraty – o que fazia quase que automaticamente, veio um vento forte e diferente e ele teve que fazer uma manobra que nunca tinha feito antes. Levou um susto, mas chegou em segurança. Além do preparo é preciso estar aberto para "novas e necessárias manobras".

Quando estamos com o coração no que fazemos, tudo flui, o esquecimento se vai, o compromisso fica.

O profissional de secretariado precisa ter essa atitude, para realizar tarefas com muitos detalhes, como a organização de um evento. O amor faz com que etapas trabalhosas, que precisam ser verificadas muitas vezes, para que o sucesso seja alcançado, não se tornem cansativas e, sim, um desafio de qualidade.

O docente de secretariado tem a missão de ensinar "como fazer", enfatizando a importância do envolvimento afetivo como um diferenciador de resultado. Quando o docente tem amor pela profissão, será natural transmitir aos alunos esse sentimento em todo o aprendizado.

O estudo é uma ferramenta que nos ajuda a ser melhor, a ocupar e otimizar o nosso tempo de maneira a sentir satisfação no trabalho e prazer no repouso. É uma escolha que proporciona bônus, mas cobra seus ônus.

Aqueles que escolheram o prazer imediato podem ter dito não ao caminho da evolução. Quando perceberam o prejuízo, passaram a ter um discurso de reclamação: "Se eu tivesse continuado a estudar com você, Se eu tivesse feito aquele curso, Se eu tivesse me comprometido a melhorar... Se eu me alimentasse melhor".

Muitos não quiseram o compromisso de acordar cedo, de usar a hora do almoço ou da TV à noite para estudar. Podem ter preferido gastar dinheiro em viagens, jantares, celular, vestuário, tudo menos no estudo.

Há profissionais que estão atuando como secretários apenas pelo salário. Com certeza, o resultado será desprovido de felicidade.

O trabalho pode ser o local que proporciona vários encontros: contribuir com o crescimento de um negócio, aperfeiçoar o relacionamento com pessoas e evoluir no autoconhecimento, fazer grandes amigos, conhecer profissionais incríveis.

O resultado do trabalho pode permitir o conhecimento do mundo, com viagens interessantes, que aumentam a educação e proporcionam mais felicidade. Há profissionais que não enxergam os erros como aprendizado. Preferem escondê-los ao invés de assumi-los e crescer com eles.

Um exemplo do erro percebido e assumido está na declaração de independência dos Estados Unidos, na seção dos arquivos nacionais. O escrivão cometeu dois erros ao digitar a versão final. Ele percebeu o erro, colocou as palavras que faltavam e este documento deu origem à liberdade americana. Se ele negasse o erro, o que poderia ter ocorrido com esse documento tão importante?

Segundo Norberto Keppe, negamos o que é bom. Como pesquisador, escritor e psicanalista descobriu em 1977 a inversão do ser humano. Ele mostra que, muitas vezes, o aprendizado é visto como uma chatice, uma perda de tempo. Vemos o bem como mal (se dedicar aos estudos, se desenvolver, melhorar a vida para si e para o próximo...) e vemos o mal como bem (passar horas em redes sociais, falar ao invés de fazer, falar dos outros, etc..), comentário da coautora.

Dr. Keppe tem programas terapêuticos que orientam e ajudam em todas as áreas de nossa vida: financeira, emocional, sexual e social. Seus vídeos são fonte de inspiração, de um pensamento correto e verdadeiro. Mesmo que sejam de dez anos ou mais, os assuntos continuam atuais e pertinentes à realidade. Aprende-se muito também com os filmes.

No filme *O Aluno*, inspirado na vida real de Kimani Maruge Ng'ang'a, o personagem Maruge teve uma vida de luta pela liberdade de seu país, Quênia; foi preso e torturado. Em 2003, o governo abriu um programa de "Educação para TODOS", e ele vai se matricular em uma escola da região, pois antes somente quem era abastado frequentava a escola. Na época, ele tinha 84 anos, e o sonho dele era aprender a ler e escrever. Sua história, a do idoso alfabetizado ao lado de crianças, ganhou repercussão nacional. Encontrou muitos obstáculos e qualquer outro teria desistido. Mas ele não; enfrentou tudo e todos, pois tinha a determinação em seu coração de que queria aprender. No final, disse que somente pararia de aprender quando os ouvidos dele estivessem preenchidos com terra. Ele teve amor pelo aprendizado e alunos, tornando-se depois professor assistente. Deve ainda estar aprendendo e ensinando, onde quer que esteja. Falecido em 2009, Maruge foi a pessoa mais velha a se matricular em uma escola primária e entrou para o *Guinness Book*. Devido ao seu empenho e conquistas, o queniano foi convidado para palestrar na sede da ONU, em Nova Iorque, sobre o poder da educação.

Como falar de educação sem falar de professores e alunos, não é mesmo? Um professor que usou a ferramenta do afeto e *network* foi Arvo Henrik Ylppö, 1887-1992. Pediatra finlandês, formado em Helsinque em março de 1914. Diminuiu significativamente a mortalidade infantil finlandesa durante o século XX. Ele é conhecido como o pai do sistema público de bem-estar infantil da Finlândia.

Na Alemanha, Ylppö concentrou-se em pesquisas sobre anatomia patológica infantil e teve reconhecimento internacional. Em sua pesquisa, observou que as mortes de bebês nascidos prematuramente são em muitos casos devido a condições tratáveis em vez de subdesenvolvimento, e isso motivou o avanço do tratamento e da ciência relacionada a bebês nascidos prematuramente.

Quando retornou à Finlândia, em 1920, tornou-se professor no Hospital Universitário de Helsinque. Em 1925, seu posto tornou-se o cargo de professor de pediatria. Ylppö continuou sua pesquisa, apoiando treinamento para os enfermeiros, conscientizando os finlandeses sobre as questões médicas, e teve muitas iniciativas de acolher as crianças, mesmo depois de se aposentar em 1957. Morreu em janeiro de 1992, aos 104 anos de idade.

Este exemplo enfatiza o amor na educação que, consequentemente, proporciona a felicidade de muitas pessoas envolvidas. Seus alunos tinham prazer em participar das suas aulas. Ele nem precisava de lista de chamadas, pois os alunos eram unânimes em dizer que não perderiam por nada as aulas do prof. Arvo.

O que ele fazia de diferente? Ele era preocupado com o outro, ele não fazia "por dinheiro", ele fazia por amor. Até hoje é lembrado pelo afeto que teve com as gestantes e bebês. Se hoje os nascituros finlandeses têm o que vestir ao sair da maternidade e com o que se alimentar foi por causa do prof. Arvo. O que o aluno e o professor nos mostraram?

O amor que tiveram lhes deu sabedoria, iluminação, coragem, força, felicidade, intuição, amor, paciência, perseverança, enfim tudo o que precisamos para aprender, para ensinar e para colocar em prática, pois a ação no bem é o mais sincero ato de amor que podemos ter. A grande linha divisória não é de estudo ou informação, mas, sim, da conscientização contínua. Podemos nos perguntar "amo o que faço ou faço o que eu amo?". Se amamos o que fazemos, com certeza, vamos fazer o que amamos.

No fim, o amor vai ser realmente o que mais importa. Se no final olharmos pra trás e não virmos muitas realizações, veremos tanto amor que tivemos, tantos amores, tantos e nosso coração se alegrará da jornada. Um trecho da música de Gonzaguinha, *O que é, o que é*, confirma a importância da felicidade, para quem se identifica como o eterno aprendiz:

> Viver, e não ter a vergonha de ser feliz
> Cantar (e cantar e cantar) a beleza de ser um eterno aprendiz
> eu sei que a vida devia ser bem melhor e será,
> mas isso não impede que eu repita
> é bonita, é bonita e é bonita. (GONZAGUINHA).

"Educar não é cortar asas e, sim, orientar o voo." (ANÔNIMO).

Referências

BLISS, Edwin. *Como conseguir que as coisas sejam feitas*. São Paulo: Record, 1993.

D´ELIA, Bete, AMORIM, Magali, SITA, Mauricio. *Excelência no secretariado*. São Paulo: Literare Books International, 2013.

DI SPAGNA, Julia, *9 empresários e executivos que se deram bem sem cursar uma faculdade*. Disponível em: <https://forbes.uol.com.br/fotos/2017/10/9-empresarios-e--executivos-que-se-deram-bem-sem-cursar-uma-faculdade/>. Publicado em 11 de outubro de 2017. Acesso em: 18 de nov. de 2018.

English class at. Disponível em: <http://millenniumlinguas.com.br/>. Acesso em 18 de nov. de 2018.

GONZAGINHA. *O que é, o que é*. Disponível em: <https://www.youtube.com/watch?v=ykv9mqOC8pE>. Acesso em: 18 de nov. de 2018.

KEPPE, Norberto R. Disponível em: <http://trilogychannel.org/o-conhecimento-vem--do-interior-do-ser-humano-o-homem-universal-388/> Acesso em: 18 de nov. de 2018.

MARUGE, Kimani. Disponível em: <https://en.wikipedia.org/wiki/Kimani_Maruge> Acesso em: 18 de nov. de 2018.

NEIVA, E. G.; D´ELIA, M. E. S. *As novas competências do profissional de secretariado*. 3. ed. São Paulo: IOB Folhamatic, 2014.

YLPPO, Arvo. Disponível em: <https://en.wikipedia.org/wiki/Arvo_Ylpp%C3%B6>. Acesso em 18 de nov. de 2018.

WIKIPEDIA. *Juramento do secretariado*. Disponível em: <https://pt.wikipedia.org/wiki/Secretariado>. Acesso em: 18 de nov. de 2018.